Karl Ploberger

Die schönsten Balkone und Terrassen

für intelligente Faule

Karl Ploberger

Die schönsten Balkone und Terrassen

für intelligente Faule

Verlag Eugen Ulmer
Österreichischer Agrarverlag

Inhaltsverzeichnis

Bücher von Karl Ploberger:

Das Basiswerk (neu überarbeitet):
Der Garten für intelligente Faule
Das etwas andere Gartenbuch.
Tipps und Tricks, die Zeit und Geld sparen.

Das Praxisbuch zum Bestseller:
7 Schritte zum Garten für intelligente Faule
Dort die Theorie, da die Praxis.
Gartenlust statt Arbeitsfrust.
Jeder Garten lässt auch Faulheit und Muße zu.

Legende

 ***Tipps für besonders „Faule“***

 ***Tipps für besonders „Intelligente“***

Die Symbole und ihre Bedeutung

Sie geben Auskunft über den richtigen Standort, die artgemäße Überwinterung bzw. ob eine Überwinterung sinnvoll ist und wie viel gegossen werden sollte. Smilys bewerten, ob die Pflanze besonders pflegeleicht ist.

Die Pflanze verträgt bzw. braucht sogar volle Sonne und Hitze. Der Standort sollte nach Süden gerichtet sein.

Heller Platz, aber nicht den ganzen Tag Sonne.

Die Pflanze gedeiht erfahrungsgemäß auch im Halbschatten oder braucht ihn sogar.

Die Pflanze verträgt oder mag Schatten.

Kein Überwinterungsquartier und kein Winterschutz notwendig. Die Pflanze ist einjährig oder eine Weiterkultur lohnt sich nicht.

Überwinterung an einem hellen und kühlen (ca. 8–10° C) Platz im Haus möglich.

Überwinterung auch an einem dunklen und kühlen (ca. 8–10° C) Platz im Haus möglich.

Überwinterung mit Schutz im Freien möglich.

Reichlich gießen, an heißen Tagen bis zu zweimal täglich.

Die Pflanze mäßig feucht halten. An heißen Tagen einmal durchdringend gießen.

Wenig gießen.

Die römischen Ziffern, I, II, III, IV … benennen die Monate des Jahres.

Die Faulenzer-Wertung

Der Autor verwendet in allen Bepflanzungsvorschlägen nur Pflanzen, die keine „Mimosen" sind. Schließlich handelt es sich um Vorschläge für intelligente Faule, doch gibt es auch unter ihnen jene, die man nahezu vergessen kann, und jene, die doch etwas mehr Aufmerksamkeit benötigen.

5 Smilys weisen auf Pflanzen hin, die nahezu ohne Pflege auskommen. Sie sind die Favoriten für intelligente Faule und besonders genügsam.

4 Smilys sind ebenfalls noch völlig unkompliziert, was die Pflege angeht.

3 Smilys bewerten die Standardpflanzen für intelligente Faule, also unkompliziert, aber doch mit minimalen Bedürfnissen.

2 Smilys zeigen an, dass man diesen Pflanzen zwar nicht tägliche, aber doch häufige Aufmerksamkeit schenken muss.

1 Smily bewertet jene Gewächse, die bestimmt gedeihen, wenn sie einmal täglich „eines Blickes gewürdigt" werden.

Man kann die Pflanze selber ziehen.

Intelligente Faule kaufen fertige Pflanzen.

... und morgen hänge ich einen Balkonkasten auf!

Vom Land in die Großstadt – und noch dazu schon als Kind ein Gartenfan. Das kann nicht gut gehen. Oder doch?

Vielen geht es ähnlich – wenn auch nicht so ausgeprägt: Ein erstes laues „Frühlingslüfterl", die ersten Sonnenstrahlen in der Klapp-Sonnenliege, und schon beginnt das Träumen. Damals im Urlaub in Italien, da war es doch auch so: Sonne, blauer Himmel – und ...

Der Duft der Kräuter! Die fehlen noch. Und schon wird gekauft: Basilikum (mit Mozzarella – mmmh!!), Schnittlauch (auf Butterbrot!!) und dazu noch Salbei (in Olivenöl gebratene Blätter – wie in der Toscana!).

Fehlen eigentlich nur noch die Palmen und ein paar Zitronen. Oder vielleicht doch noch eine Tomatenstaude! Und wenn wir schon beim Einkaufen sind, dann nehmen wir doch gleich auch noch ein Rankgitter für ein Stangenbohnen-Spalier mit – dann kann das Sonnenanbeten ungestört von Nachbarblicken erfolgen. Nahtlos braun ...

Haben Sie mitgeträumt? Oder sind Sie schon mitten drin im Ausstatten Ihres grünen Wohnzimmers? Platz ist auch auf dem kleinsten Balkon: zuerst Schalen und Töpfe, dann Rankgitter und schließlich Balkonkästen – in Etagen. Damit auch wirklich jeder Zentimeter ausgenutzt ist.

Es beginnt überall gleich – und endet in einer ganz verträumten, persönlichen Oase: einem Paradies im Grünen.

Damit Sie bei dieser Reise zum Gartenglück nicht vom Weg abkommen, möglichst die richtigen Pflanzen finden und auch bei der Pflege wissen, was zu tun ist, habe ich dieses Buch geschrieben.

Mein Garten ist zwar nun viel größer: Aus den früheren eineinhalb Quadratmetern Balkon sind jetzt fast 2500 m^2 (!) Garten geworden. Trotzdem erinnere ich mich noch mit viel Freude an den bunten Gemüse- und Blumengarten in luftiger Höhe.

Viel Spaß beim „Garteln", und genießen Sie Ihr grünes Paradies – das ist die beste Medizin.

Karl Ploberger

www.biogaertner.at
karl.ploberger@biogaertner.at

Der Start

ins Blumenparadies

Keine Ausreden erlaubt

Tipp

Gut geplant läuft es bequemer: Wer rechtzeitig überlegt, welche Pflanzen wirklich auf den jeweiligen Balkon passen, wird später kaum Probleme haben. Die farbliche Gestaltung ist die eine Seite. Die unterschiedlichen Ansprüche der Pflanzen, ob sonnig, schattig, feucht oder trocken, die andere – noch wichtigere.

Warum? – Wo man doch faul ist

Lieber in der Sonne liegen und mit der Seele baumeln – mache ich auch gerne. Aber haben Sie schon einmal vom olfaktorischen Gedächtnis gehört? Es ist der Teil unseres Gehirns, der am besten funktioniert, denn es merkt sich jeden Duft. Einmal in die Nase gekommen, bleibt ein Geruch ewig in Erinnerung – und dazu alles, was drum herum passiert ist.
Daher ist das „warum?" eigentlich eine Frage, die sich erübrigt.
Wer erinnert sich nicht gerne an die Abende in einer griechischen Taverne mit dem Geruch von Fisch, Retsina und Oregano? Dieser intensive griechische Berg-Oregano – ein Traum! Und der gedeiht ganz problemlos auf dem Balkon. Sogar dann, wenn man oft einige Tage die Stadtflucht ergreift und der Balkon und seine Pflanzen sich selbst überlassen sind.

Balkongarten-Neulinge sollten sich nicht zu viel vornehmen: Kleine Schritte lassen den Erfolg spüren und schaffen Mut zu mehr. Wer überfordert ist, verliert die Lust am Gärtnern!

„Einstiegsdroge“ sind für viele die Kräuter. Später kommen sogar Tomaten dazu, und dann ist der Weg zum üppig grünen Balkon nicht weit. Vielleicht auch ein Ansatz, die grüne Lust bei den Mitbewohnern zu wecken.

Einige andere Kräutlein und vor allem Zierpflanzen benötigen da schon mehr Obsorge, aber zehn Minuten am Tag (im Sommer) genügen – und die Oase bleibt grün. Noch so großes Faulenzertum spricht hier nicht dagegen, und deshalb wird „intelligent“ gepflanzt:

- Kräuter, die robust sind
- Balkonblumen, die auch weniger grüne Daumen aushalten
- Bäume, die nicht in den Himmel wachsen

und die allesamt das Gefühl geben: Hier bin ich Herr über das Paradies.

Beachtet man die Grundlagen, steht einem üppigen Wachstum nichts im Wege.

Wie? – Wo man doch zwei linke Hände hat

Das mit den zwei linken Händen ist so eine Sache. Viel eher vertaue ich da einer anderen Weisheit: Wo ein Wille, da ist ein Weg! Und wenn erst einmal der erste Schritt gesetzt wurde, dann kommt der Enthusiasmus fast von allein. Zu gut erinnere ich mich an meine Zeit, als ich in Wien gearbeitet habe. Damals waren die Balkonblumen mein „Garten“. Freunde – damals Studenten – lachten über mich, doch kaum wurde aus den Vagabunden ein sesshaftes Volk, da erinnerten sie sich an mein Paradies, holten Rat ein und machten aus dem tristen Grau eines Stadtbalkons ein kleines Urlaubsdomizil – und das, obwohl man handwerklich überhaupt nichts am Hut hatte: Blumenregale, Bewässerungsanlagen, ja sogar eine selbstkonstruierte Markise entstand. Und das alles im dichtesten Grün, das man sich nur vorstellen kann.

Weil das selbstgeerntete Gemüse auch verarbeitet werden muss, entwickelt der „Herr des Hauses“ sogar Kochkünste: Italienischer Abend ist angesagt mit „Insalata mista“, „Spaghetti al pomodoro“ und ...
Wie war das mit den zwei linken Händen?

Balkonblumen benötigen Pflege, aber der Aufwand hält sich bei richtiger Pflanzenwahl in Grenzen: Kapringelblume, Pelargonie und Lobelie in bunter Eintracht.

Wann? – Wo man doch rund um die Uhr in der Arbeit ist

Genau das Argument kenne ich – auch ich habe für vieles „keine Zeit". Und passiert plötzlich etwas, wofür man viel Zeit benötigt – zum Beispiel einer der lästigen Computer-Abstürze mit einer durchgearbeiteten Nacht –, dann ist alles möglich. Freilich: Balkon und Terrasse sollen nicht mit einem Unglück gleichgestellt werden. Aber ich kann aus Erfahrung sagen: Zeit ist im dichtesten Manager-Kalender. Man muss nur wollen. Wie sonst wäre es möglich, neben meinem Hauptjob als Marketingleiter TV-Sendungen zu moderieren, Gartenberichte in Radio und Fernsehen zu gestalteten, Bücher zu schreiben und einen 2500 m^2 großen Garten zu betreuen – mit meiner Frau und ab und zu der Hilfe eines Gärtners.

Wo? – Wo doch der Balkon so klein ist!

Dieses Argument zählt gar nicht: Schauen Sie bloß bei einem Spaziergang durch die Stadt einmal nach oben. Selbst auf den kleinsten „Klopf-Balkonen" oder „französischen Fenstern" (Fenstertüren mit Brüstungsgittern) ist das Grün im Topf zu finden: Kräuter sowieso, dazu aber meist auch noch ein kleiner *Citrus*, und wenn nur irgendwie möglich, auch noch ein Kasten mit bunten Blumen. Und da soll auf der Loggia mit sechs Quadratmetern kein „Mini-Garten" Platz finden? Ich erinnere mich an meine Zeit in Linz. Nicht nur an meinen eigenen Balkon (mit 1,5 Quadratmetern, 35 Bonsai und diversem Gemüse), nein: an den Balkon an einem Nachbarhaus – geschätzte zwei Quadratmeter groß und eine Orangerie wie im Bilderbuch. Es waren wohl an die zehn verschiedene Orangen- und Zitronenbäumchen in ziemlich stattlicher Größe, die bei günstigem Wind auch noch auf der Straße ihren Blütenduft verströmten. Das ist das Parfum einer Stadt, von dem wir träumen. Und Träume werden eben manchmal wirklich wahr.

Vorbeugen spart Arbeit!

1 Die richtige Pflanze am richtigen Standort sorgt für gesundes Wachstum. Schattenliebende Pflanzen also niemals in die Sonne, „Sonnenkinder" nie in den Schatten.

2 Regelmäßiges Gießen sorgt für kräftiges Wachstum der Pflanzen, und gut gepflegte Pflanzen werden nicht so leicht von Schädlingen und Krankheiten befallen.

3 Gleichmäßige Nährstoffversorgung (also weder zu viel noch zu wenig Dünger) sorgt ebenfalls für gesundes Wachstum – Langzeitdünger sind besonders bequem.

4 Ein luftiger, lockerer Standort verhindert Pilzkrankheiten.

5 Mischkultur mit anderen Pflanzen kann Pilzkrankheiten verhindern. Lavendel gehört deshalb zu Rosen und Erdbeeren. Knoblauch und Thymian wirken ebenfalls gegen Pilzerkrankungen.

6 Läuseabwehr mit Lockpflanzen: Kapuzinerkresse lockt auch bei Obstbäumen im Kübel die Blutläuse an und verhindert so den Befall der Bäume.

7 Rechtzeitiges Bekämpfen einiger weniger Schädlinge ist die beste Vorbeugung vor einer Invasion.

8 Regelmäßiges Ausputzen vermindert nicht nur die Gefahr von Pilzkrankheiten. Wenn bei dieser Gelegenheit auch Samenstände entfernt werden, sorgt man dafür, dass die Pflanzen nicht unnötig geschwächt werden.

9 Spritzmittel, die Nützlinge schonen, sind anderen vorzuziehen; eine einmalige Bekämpfung mit einem hochgiftigen Mittel würde nämlich das Ungleichgewicht zwischen Schädlingen und Nützlingen noch größer machen.

10 Das Überwintern bedeutet für alle Kübel- und Balkonpflanzen die größte Belastung. Aber: Je kühler und heller der Raum ist, desto kräftiger starten die Pflanzen in die nächste Saison.

Alles was „Recht" ist

Wer kann gegen schöne Blumen auf einem Balkon oder einer Terrasse schon etwas haben? Bei Ihrem eigenen Haus ist es keine Frage – Sie dürfen weitgehend nach Lust und Laune gestalten.
Leben Sie allerdings in einer Eigentums- oder Mietwohnung, so dürfen Sie nicht alles machen, was Sie wollen. Bedenken Sie vor jeder gröberen Veränderung, ob Sie nicht den Vermieter oder Hauseigentümer bzw. die Wohnungsgenossenschaft fragen müssen. Dies gilt im Besonderen für bauliche Veränderungen (Anbringen von großen Blumenkästen, Balkonverkleidungen, Rankgitter etc.).

Sicher ist sicher

- Blumenkästen sollen entweder immer an der Innenseite des Balkongeländers angebracht oder aber durch sturmsichere Konstruktionen vor dem Absturz bewahrt werden.
- Beachten Sie die Tragfähigkeit eines Balkons oder einer Terrasse. Eine Belastung von mehr als 250 kg pro Quadratmeter sollte niemals überschritten werden.
  Dies passiert sehr rasch beim Aufstellen von Wasserfässern oder großen Betontrögen für Bäume und Sträucher. Ziehen Sie vorsichtshalber einen Statiker hinzu.
- Vermeiden Sie, dass Gießwasser an der Fassade herunterläuft oder zum Untermieter oder auf Gehsteige tropft. Besonders bei Dauerbepflanzungen könnte das im Winter sogar zu gefährlicher Glatteisbildung führen.

Beim Verwenden von Spritzmitteln (auch biologischen!) gegen Schädlinge achten Sie darauf, dass nicht der Sprühnebel zu anderen Wohnungen gelangt.

Tipp

Gute Nachbarschaft ist wichtiger als der blühende Balkon. Daher vor dem Kauf mit den Anwohnern die Pläne besprechen. Wer informiert wurde, fühlt sich eingebunden und bringt später auch Verständnis auf, wenn einmal Gießwasser tropft oder trockene Blüten herabfallen.

Der richtige Topf

Tontöpfe sind nicht nur dekorativ, die Pflanzen fühlen sich darin auch besonders wohl.

Wie beim Menschen die Kleidung, so sind für Balkonpflanzen die Töpfe und Kästen nicht nur eine Notwendigkeit, sondern auch eine Frage der Funktionalität. Pflanzgefäße gibt es in vielerlei Arten und Formen. Egal für welches Material man sich entscheidet, maßgeblich für das gute Gedeihen ist die Größe und Stabilität der Töpfe.

Seit Jahrtausenden bewährt: Tontöpfe

Töpfe aus Ton sind wohl die ältesten Gefäße, in denen Pflanzen kultiviert werden. Sie haben eine große Standfestigkeit – wirft sie ein kräftiger Windstoß allerdings um, dann zerbrechen sie auch leicht. Dafür fühlen sich Pflanzen in ihnen besonders wohl, denn die Töpfe sind atmungsaktiv, und die Wurzeln können nicht so leicht verfaulen. Nachteile haben die Tongefäße aber auch: Die Erde trocknet sehr rasch aus, durch die Verdunstung an der Außenseite ist sie auch immer etwas kühler als die Umgebung. Das kann bei empfindlichen Pflanzen sogar zu Wachstumsstörungen führen. Ein weiterer Nachteil sind die Kalkausblühungen und die bei vielen Tontöpfen nicht vorhandene Frostbeständigkeit. Dafür ist das romantische Flair, das diese Töpfe ausstrahlen, selbst durch die beste Kunststoff-Nachahmung nicht zu ersetzen.

Tipp

Tontöpfe müssen unbedingt von Zeit zu Zeit gereinigt werden. Das einfachste und schonendste Mittel dafür ist Essig-Wasser (1/4 Liter Essig auf 5 Liter Wasser). Legen Sie die Töpfe für einige Stunden in dieses Wasser und spülen Sie anschließend gut nach.

Besonders wertvolle Tontöpfe, die zerbrochen sind, können mit einem speziellen Klebstoff repariert werden. Sind die Töpfe in ein oder zwei große Teile zerbrochen, dann lassen sich die Scherben auch mit einem Stahldraht zusammenfügen.

Praktisch und leicht: Kunststofftöpfe

Leicht und preiswert – damit lassen sich die Kunststofftöpfe am leichtesten umschreiben. Das war auch der Grund für den Siegeszug dieser Pflanzgefäße. Mittlerweile ist die Formenvielfalt so groß geworden, dass Plastiktöpfe wirklich für alle Zwecke zur Verfügung stehen. Dennoch sollte man nicht bloß auf den Preis schauen: Billiger Kunststoff ist meist nicht UV-beständig, das heißt die Töpfe werden

Wer den Charme der alten, mit Moos und Flechten überzogenen Töpfe nicht missen möchte, aber keine antiken Gefäße findet, der kann die Alterung beschleunigen: Töpfe alle paar Wochen mit Joghurt einstreichen. Die Töpfe werden sich bald mit Moosen und Flechten überziehen.

unter Einwirkung des Sonnenlichts spröde und zersplittern nach einiger Zeit. Ein Vorteil der Kunststofftöpfe ist, dass die Erde länger feucht bleibt und dass es mittlerweile zahlreiche Gefäße gibt, die mit Wasserspeichern ausgestattet sind. Das erlaubt problemlos einige Tage „Urlaub vom Balkongarten".

Für Naturfans: Holzgefäße

Jeder Heimwerker schafft es spielend, eine ganze Serie von Pflanzgefäßen aus Holz herzustellen. Auch im Handel sind vielerlei Modelle erhältlich. Alle haben gemeinsame Vorteile: Sie verhindern ein zu rasches Austrocknen der Erde, sind bei weitem nicht so schwer wie Tontöpfe

und praktisch unzerbrechlich. Der Nachteil: Holz verwittert relativ rasch. Daher sollte man solche Gefäße aus Lärchen- oder Eichenholz fertigen. Das verlängert die Lebensdauer deutlich.

Stabil und robust: Beton

Betongefäße sind äußerst langlebig. Allerdings muss das hohe Gewicht beachtet werden. Betonkübel eignen sich besonders für Dauerbepflanzungen mit Bäumen und Sträuchern auf Balkonen und Terrassen. Selbst „Riesen" sind in luftiger Höhe in solchen Gefäßen sehr standsicher.

Kreativität gefragt

Als Pflanzgefäße eignen sich freilich auch viele andere Töpfe und Schalen. Man denke nur an die herrlichen Balkone und Vorgärten in südlichen Ländern. Alte Blechdosen werden dort genauso zum Bepflanzen verwendet wie Pfannen, Kochgeschirr oder Porzellangefäße; ja sogar alte Schuhe sieht man – wunderschön bepflanzt. Bei allen diesen „kreativen" Gefäßen heißt es nur aufpassen, dass ausreichender Wasserabzug gewährleistet ist. Denn Staunässe würde unweigerlich bei allen Pflanzen (außer echten Sumpfpflanzen) zum Tod führen.

Die Erde – null problemo

Diese Erde ist hochwertig. Schwarze und feine Erde dagegen ist von schlechter Qualität.

Es ist nicht ganz leicht, den Überblick zu bewahren, wenn man sich als Hobbygärtner in ein Geschäft begibt und Erde für seine grüne Oase auf der Terrasse oder dem Balkon kaufen will. „Garantiert ohne Torf", „mit Ton", „Komposterde", „reiner Rindenhumus". So und anders lauten die Aufschriften auf den Säcken mit den Erden – die Verwirrung ist damit perfekt.

Kaufen Sie nicht das billigste Produkt. Sehr häufig wachsen die Pflanzen darin nur mäßig, weil diese Erde zu viel Torf oder billigen und minderwertigen Kompost enthält. Qualitätserde spart Ärger und Mühe – auch was die Bekämpfung von Krankheiten und Schädlingen betrifft.

Erde ohne Torf setzt sich immer mehr durch. Bei einigen Erden, in denen der Torf durch sehr feine Holzfasern ersetzt wird, muss allerdings stark gedüngt werden. Holz „frisst" nämlich die gesamten Nährstoffe, und die Pflanzen verhungern. Ausreichend gedüngt ist diese Erde aber sehr gut.

Erde ist nicht gleich Erde – ihre Beschaffenheit entscheidet über den Wachstumserfolg.

Tipp

Besonders feine, schwarze Erde – von vielen Laien als die „schönste Erde" eingestuft – ist mit Sicherheit eine der schlechtesten für die Pflanzen. Zu feine Bestandteile neigen nämlich zum Verschlämmen. Die Pflanzen benötigen aber auch im Wurzelraum Luft! Daher eher grobfasrige Erde wählen – die ist mit Sicherheit besser geeignet.

Es gibt einige Faustregeln dafür, welche Erde für welche Pflanzen verwendet werden soll. Standardmischungen („Balkonblumenerde", „Geranienerde" etc.) eignen sich für fast alle Kulturen auf dem Balkon, die alljährlich erneuert werden. Sie sind mit Torf oder Kompost sowie Tonteilchen versehen und gedüngt, so dass die Pflanzen für einige Zeit ausreichend mit Nährstoffen versorgt sind. Je mehr Torf enthalten ist, desto leichter trocknet die Erde aus und lässt sich auch nur sehr schwer wieder gut anfeuchten. Bäume und Sträucher fühlen sich aber in gewöhnlicher Blumenerde nicht sehr wohl: Sie benötigen unbedingt eine Mischung aus herkömmlicher Gartenerde und gesiebtem Kompost sowie etwas Sand, um eine gute Wasserführung zu gewährleisten. Spezialsubstrate, wie zum Beispiel Dachgartenerden, eignen sich dafür ebenfalls – sie sind so gemischt, dass sie alle wichtigen Bestandteile wie Lehm, Sand und Kompost bereits enthalten. Als Langzeitdünger sollten in allen Fällen Hornspäne untergemischt werden (siehe Düngung).

So wird umgepflanzt

Viele Balkonpflanzen, die uns über viele Jahre auf dem Balkon begleiten, benötigen – wenigstens von Zeit zu Zeit – frische Erde. Die wichtigsten Schritte dafür sind:

1. Pflanze aus dem Topf nehmen. Ist der Ballen so dicht, dass er sich nicht löst, einige Tage nicht gießen oder im Notfall sogar den Topf zerschlagen.

2. Wurzelballen in den ersten Jahren nur etwas verkleinern, später aber ohne Skrupel mit Bogensäge oder einem scharfen Messer um etwa ein Drittel zurücknehmen.

3. Erde zwischen den Wurzeln mit einem spitzen Holz entfernen. Sehr trockene Wurzelballen in Wasser stellen und erst dann neu pflanzen.

4. Erde für „Dauergäste" besonders sorgfältig wählen – mit viel Ton und Langzeitdünger.

5. Nach einem kräftigen Eingießen – damit die Wurzeln gut in die Erde eingeschlämmt sind – einige Tage nur mäßig feucht halten. Erst wenn sich Blattwachstum zeigt, normal gießen.

So wird gepflanzt

Balkonkästen sollten an nicht zu sonnigen Tagen oder zumindest im Halbschatten gepflanzt werden. Bereiten Sie alle Zutaten, wie Kästen, Pflanzen, Erde und Langzeitdünger, vor. Hängende Pflanzen gleich schräg an den Rand setzen. Anschließend kräftig angießen.

Die Pflanzsaison beginnt für fast alle Blumen- und Gemüsearten Anfang bis Mitte Mai. Die Regel, frostempfindliche Pflanzen nicht vor den Eisheiligen zu setzen, mag eine Richtschnur sein; tatsächlich kann es aber schon lange vorher schöne warme Tage geben oder auch noch danach eine Frostnacht.
Doch ein wenig Vorsicht genügt: Als Schutz legen Sie Vlies über die Pflanzen (siehe Tipp) oder machen es wie alte Gärtner: Sie überbrausen vor besonders kalten Nächten die Pflanzen, denn der Wasserfilm schützt vor Frost. Manche geben in dieses Wasser Baldrian-Extrakt, das soll noch wirksamer sein.

Zuerst herrlicher Sonnenschein und milde Temperaturen und dann Kälte und sogar noch Frost. Da müssten alle frostempfindlichen Balkonblumen in Sicherheit gebracht werden. Diese Mühe spart sich der Faulenzergärtner: Gartenvlies ist als Schutz für Balkonpflanzen in den ersten Tagen besonders hilfreich. Es mildert in der Nacht die Kälte und schützt tagsüber vor zu viel Sonnenschein.

So sollten gut durchwurzelte Pflanzen aussehen. Zu viele Wurzeln sind ebenso schlecht wie zu wenige.

Pflanzen, die viele Nährstoffe benötigen, wie zum Beispiel der Oleander, müssen weniger häufig umgepflanzt werden, als man meint. Allerdings darf auf das regelmäßige Düngen niemals vergessen werden.

Bäume, Sträucher oder auch Obstgehölze und Gemüsepflanzen werden im Topf nicht anders gepflanzt als im Garten; die Erde muss aber trotzdem den speziellen Bedürfnissen angepasst werden. Normale Gartenerde würde innerhalb von wenigen Monaten zu einem steinharten Klumpen werden – daher fertige Dachgartensubstrate verwenden.

Die „goldene" Regel

Pflanzen Sie alle Blumen genau so tief, wie sie im ursprünglichen Topf gewesen sind. Hängende Pflanzen, wie zum Beispiel Cascade-Pelargonien, sollten an den vorderen Rand des Kistchens gesetzt werden, und zwar ein wenig schräg, so dass die Pflanzen leichter nach unten wachsen können.
Das Um- und Einpflanzen bringt für alle Pflanzen einen Schock mit sich; daher sollten sie in den ersten Tagen auch besonders sorgfältig gepflegt werden. Nach einem ersten Angießen kommen die fertig bepflanzten Kästen nicht sofort in die pralle Sonne. Ein Plätzchen im Halbschatten ist für zwei, drei Tage ideal. Gegossen wird in dieser Zeit nicht zu viel, so dass es nicht zu Staunässe kommen kann. Noch vorsichtiger umgehen muss man mit jenen Balkonpflanzen, die aus dem Winterquartier geholt werden. Sie sind sehr geschwächt und vertragen ein, zwei Wochen lang überhaupt keine Sonne.
Die Pflanzen sollten auch nicht sofort umgesetzt werden. Schneiden Sie sie zunächst zurück und warten Sie, bis sich einige junge Blätter zeigen. Erst dann kommen die Pflanzen wieder in frische Erde. Besonders Fuchsien können auf einen Rückschnitt und gleichzeitiges Umtopfen mit dem völligen Absterben reagieren.

Wer große Umpflanz-Aktionen scheut, kann sich einige Jahre so behelfen: Mit einem Werkzeug vorsichtig die oberste Erdschicht im Blumentopf entfernen und mit einem Gemisch aus Packungserde und Langzeitdünger auffüllen. Wer Kompost zur Verfügung hat, sollte ihn unbedingt untermischen.

Beim Pflanzenkauf auf Qualität achten! Oft bringen Sonderangebote viel Ärger. Freilich: So manche Schnäppchen-Pflanze gedeiht auch wieder ganz hervorragend.

Dünger – gleich für viele Wochen

Nur Pflanzen, die ausreichend mit Dünger versorgt sind, wie diese Hänge-Pelargonien, wachsen kräftig und gesund. Im Zweifel lieber auf die neuen Langzeitdünger setzen – die machen alles fast allein.

Viele fragen sich, was Biodünger von anderen Düngern unterscheidet. Einfach gesagt, ist beim Biodünger das Ausgangsmaterial „organisch", also aus Pflanzen- oder Tierteilen (wie zum Beispiel Hornspäne). Mineralische Dünger enthalten nicht organische Ausgangsmaterialien wie Gesteine, Salze oder andere Elemente, die entweder natürlich vorkommen oder aber vom Menschen „nachgebaut" werden. Das bezeichnet man dann als Kunstdünger.

Das A und O für ein gutes Gedeihen der Pflanzen ist eine gleichmäßige Nährstoffversorgung. In der Natur holen sich die Wurzeln, was sie brauchen – teilweise aus großer Tiefe. Im Balkonkasten, im Topf oder einer Schale ist das anders. Hier muss die Nährstoffversorgung auf kleinstem Raum perfekt funktionieren, sonst wird die Pflanze krankheitsanfällig und kümmert.
Grundsätzlich gibt es zwei Möglichkeiten zum Düngen: organisch oder mineralisch. Übersetzt heißt das: ganz biologisch oder mit Chemie.

Bio- oder Mineraldünger

Bei mir gibt es ein Grundprinzip: Alles, was auf den Teller kommt – also Gemüse, Kräuter und Obst –, wird immer von Beginn an „biologisch" gezogen. Das gilt bei mir im Garten genauso wie auf Balkon und Terrasse. Alle anderen Gewächse werden aber zum Teil mineralisch oder in gemischter Form mit Nährstoffen versorgt.

Beim „Biodünger" werden die Nährstoffe nicht direkt den Pflanzen zur Verfügung gestellt. Meist wandeln erst die Mikroorganismen die organischen Düngesubstanzen (zum Beispiel Hornspäne) in Stoffe um, die die Pflanzenwurzeln aufnehmen können.

Mineraldünger (ob flüssig oder in anderer Form) ist dagegen sofort verfügbar. Daher wirkt er rasch und ist schnell wieder ausgeschwemmt. Konsequentes Düngen ist daher hier von ganz großer Bedeutung.

Langzeitdüngung

Das richtige Düngen beginnt schon beim Einpflanzen. In die Pflanzerde sollte immer Langzeitdünger gemischt werden. Besonders gut bewährt haben sich für alle Gemüsepflanzen und Kräuter Hornspäne. Sie geben über drei bis vier Monate konstant Nährstoffe an die Pflanzenwurzeln ab, ohne dass die Gefahr einer Überdüngung besteht.

Bei Zierpflanzen reicht dieser organische Dünger allein aber nicht aus. Hier ist Langzeitdünger sinnvoll – in Form von Düngetabletten, -stäbchen oder -kügelchen. Sie geben bis zu sechs Monate lang Nährstoffe ab.

Düngestäbchen, Langzeitdüngetabletten und die neuen Langzeitdünger in kleinen Kügelchen sind besonders praktisch für alle, die wenig Zeit haben und schon mit dem Gießen genug beschäftigt sind. Je nach Produkt kann man so für zwei, vier, ja sogar sechs Monate das Düngen vergessen. Allerdings sollten Sie sich unbedingt in einem Kalender aufschreiben, wann die nächste „Futterration" für Ihre Pflanzen nötig ist.

Überwinterungs-Dünger

Eine ganz spezielle Eigenschaft in der Palette der Düngesubtanzen hat Kali (nicht zu verwechseln mit Kalk!). Kali fördert den Abschluss des Wachstums, das Ausbilden von Blüten und das Ausreifen der Triebe. Besonders bei jenen Pflanzen, die im Freien überwintern, ist deshalb eine solche Kali-Düngung ab etwa Mitte August von großem Vorteil. Kali-Dünger erkennt man ganz leicht. Bei allen Düngemitteln müssen nämlich immer die Nährstoff-Verhältnisse angegeben werden. 6-4-5 ist beispielsweise dann auf einer Packung zu lesen. Die erste Ziffer ist der Anteil an Stickstoff – er ist für das Wachstum zuständig. Die zweite Ziffer zeigt Phosphor an – er sorgt für die Blüten. Und die dritte Ziffer ist das Verhältnis, in dem Kali in diesem Produkt vorkommt.
Ideale „Überwinterungs-Dünger" haben zum Beispiel ein Verhältnis von 6-5-15. Bis etwa Mitte September kann so ein Kali-betonter Dünger gegeben werden. Dann muss man das Düngen generell einstellen.

Hat man keine Überwinterungsdünger, sollte man alle Pflanzen, die überwintert werden (Kübelpflanzen oder auch Obstbäume), ab Mitte August nicht mehr düngen. Die Pflanzen würden mit zu viel Schwung in den Winter gehen und entweder abfrieren oder im Überwinterungsquartier krank und schädlingsanfällig werden.

Spezialdünger gefragt

Manche Pflanzen benötigen Spezialdünger. Auf dem Balkon und der Terrasse sind das zum Beispiel die Orangen- und Zitronenbäumchen, die Rhododendren oder auch die Kamelien. Sie alle sind Kalk-Feinde. Und sie benötigen relativ viel Eisen als Spurenelement, sonst färben sich die Blätter gelb.
Ähnliches gilt übrigens auch für die japanischen Petunien (Surfinien). Auch sie zeigen bei kalkhaltigem Gießwasser rasch gelbe Blätter und beginnen zu kümmern.

Wasser – bitte gleich automatisch

Blumenkästen mit einem Wasserspeicher sind besonders bequem. Allerdings sollte das Wasser erst nach dem Einwachsen der Pflanzen im Vorratsbehälter bis zum Maximum gefüllt werden. Bei kühler Witterung kommt es sonst leicht zu Fäulnis.

Tipp

Bei Pflanzen, die in diesem Buch mit dem Symbol versehen sind, ist es besonders wichtig, dass zu Beginn sehr vorsichtig gegossen wird. Diese trockenheitsliebenden Balkonblumen leiden besonders unter „nassen Füßen".

Ein heißer Sommer wird nicht nur wegen der Hitze viele Balkongärtner ins Schwitzen bringen – auch das Gießen kann zur Schwerarbeit werden. Denn alle Pflanzen, die auf Balkon und Terrasse wachsen, brauchen ständig Wasser. Sie müssen mit sehr wenig Erde auskommen und haben daher kaum einen Vorrat für das kostbare Nass. Oft ist es daher notwendig, nicht nur einmal am Tag, sondern sogar morgens und am Abend zu gießen.

Regenwasser

Regenwasser ist auch für Balkonpflanzen das Beste. Vielleicht besteht bei Ihrem Balkon oder Ihrer Terrasse die Möglichkeit, eine Dachrinne „anzuzapfen" und dieses „weiche"

Wasser in einem Fass zu sammeln. Setzen Sie sich aber – wenn Sie nicht Eigentümer des Hauses sind – mit der Hausverwaltung in Verbindung und beachten Sie die Belastbarkeit des Balkons. Fachleute werden Ihnen auch eine geeignete automatische Regenklappe einbauen, die später einmal ein Überlaufen des Fasses verhindert.
Wenn keine Möglichkeit für einen Regenwasserspeicher besteht, dann sollte dennoch ein Fass oder ein größerer Kübel aufgestellt und darin normales Leitungswasser gesammelt und für einige Tage erwärmt werden. Abgestandenes und weniger kalkreiches Wasser wird von allen Pflanzen bevorzugt.

Die einfachen Lösungen sind die besseren: Die wassersaugende Wirkung von Ton steuert die Zufuhr von Wasser.

Zeitpunkt

Bester Zeitpunkt zum Gießen ist der Abend – vor allem an heißen Tagen. Dann haben die Pflanzen über Nacht Zeit, Kraft zu tanken. Allerdings sollten die Blätter nicht benetzt werden, da sonst wieder die Gefahr von Pilzerkrankungen besteht. Sind die Blumen im Hochsommer schon groß gewachsen, benötigen sie auch besonders viel Wasser. Ein zweites – „leichteres" – Gießen am Morgen sorgt dann für genügend Feuchtigkeit tagsüber.

Automatische Bewässerung

Praktisch und ideal für „Faule" sind die seit einiger Zeit erhältlichen automatischen Bewässerungssysteme. Sie funktionieren mit einem Direktanschluss an die Wasserleitung und einer Druckreduzierung. Über Tropfer wird dann das Wasser direkt zu den Wurzeln geleitet. Auch Tonkegel, die langsam, aber konstant das Wasser abgeben und über höher aufgestellte Kübel mit Wasser versorgt werden, eignen sich als automatische Bewässerung. Sehr einfach in der Konstruktion sind auch Blumenkästen mit Wasserspeicher. Bei diesen sollte man aber in den ersten Wochen nach dem Bepflanzen (besonders bei regnerischem Wetter) vorsichtig sein, da es leicht zu Fäulnis an den Wurzeln kommen kann.

Kleinere Topf- und Ampelpflanzen auf dem Balkon können am einfachsten durchdringend gewässert werden, indem man sie in einen Eimer Wasser taucht. Und zwar so lange, bis keine Luftblasen mehr aufsteigen. Das spart Zeit, und herkömmliches Gießen würde nichts bringen, da ein ausgetrockneter Erdballen nur sehr schwer Wasser aufnimmt.

Tipp

Ton als Wassersensor:
Ganz ohne Elektronik kommt ein System aus („Tropf-Blumat"), das auf die wassersaugende Wirkung von Ton aufbaut. Kleine Tonkegel sind hier mit einem Ventil ausgerüstet, das den Zulauf des Gießwassers steuert. Dadurch ist es möglich, individuell jede Pflanze mit Wasser zu versorgen, und das ohne aufwändige Elektronik oder Steuerungstechnik.

Mikroelektronik als Wasserspender

Die neuesten Bewässerungsanlagen sind dank Mikroelektronik nicht nur zeitlich zu steuern, sondern auch

Jede Bewässerungsanlage muss von Zeit zu Zeit kontrolliert werden. Oft verstopfen die dünnen Leitungen. Gerade vor einem längeren Urlaub ist dies eine wichtige Arbeit, da es sonst bei der Rückkehr zu „vertrockneten" Überraschungen kommt.

Tipp

Regenwasser ist sicherlich das beste Gießwasser; allerdings ist der Zufluss in automatischen Bewässerungen so langsam, dass sich auch das Leitungswasser ausreichend erwärmt und so der gefürchtete Kälteschock ausbleibt.

mit einem Feuchtigkeitsfühler ausgerüstet. Je nach Feuchtigkeitsgrad wird dann der Wasserfluss aktiviert. Die Tropfer selbst werden von einer Hauptleitung versorgt und – je nach Wasserbedarf der Pflanze – mit einer größeren oder kleineren Durchflussöffnung versehen.

Blüten

& Blätter

Alle Farben zu jeder Zeit

Ein Traum in Gelb, ein Traum in Rot – wie sieht Ihr Traumbalkon aus? Wollen Sie es bunt gemischt oder wild wie die Natur? Und Sie wollen im Frühjahr schon Blüten? Nein, der Herbst ist Ihre Zeit!
Das Fantastische an der Natur ist, dass sie für jeden Geschmack etwas bietet. Alle Farben dieser Welt können auf der grünen Oase auf dem Balkon zusammengeführt werden. Alles ist erlaubt und nichts verboten. Nur: Zusammenpassen sollten die Pflanzen. In ihren Ansprüchen sind sie nämlich doch ein wenig unterschiedlich. Da wollen die einen Schatten und die anderen volle Sonne. Manche kommen mit Erde aus, die eher an eine Schotterstraße erinnert, andere wieder wollen aus dem Vollen schöpfen.
Daher sind die Ideen zwar unermesslich, aber doch von den Vorlieben der blühenden und grünen Lieblinge beschränkt.

Wenn Garten und Balkon zusammenwachsen, dann ist ein Meisterwerk gelungen, von dem viele träumen.

Je weniger Sonne auf einen Balkon trifft, desto mehr wirken kräftige, helle Farben. So werden auch schattige Stellen aufgehellt.

Pflanzbeispiele

Wenn auf den folgenden Seiten Vorschläge für Ton-in-Ton-Kästen gegeben werden, so sind das nur einige wenige von Hunderten anderer Möglichkeiten. Sie werden sehr rasch erkennen, dass sich noch viele andere Kombinationsmöglichkeiten ergeben. Auch wenn ein Kasten „ganz in Rot" erstrahlt, ist es erlaubt, daneben einen anderen „ganz in Weiß" zu

Eine der robustesten und beliebtesten Balkonblumen ist die Hänge-Pelargonie (hier kombiniert mit Goldmarie). Sie trotzt Wind und Regen und liebt heiße sonnige Plätze.

hängen. Genauso ist es ganz vom Geschmack der Balkonblumen-Liebhaber abhängig, ob die eine oder andere Pflanze weggelassen oder dazugenommen wird.

Musterkästen

Die Musterkästen zeigen Ideen mit bewährten Sorten, die sich gut zusammenfügen und sich gegenseitig nicht behindern, sondern im Gegenteil perfekt ergänzen.
Manchen wird die Bepflanzung ein wenig dicht vorkommen. Geduldige Menschen können hier den einen oder anderen Vorschlag abändern und anstelle von sechs oder sieben Pflanzen nur drei oder vier verwenden. Bei sehr guter Pflege und idealen Wetterbedingungen wird sich der Kasten dann schnell mit Blüten und Blättern füllen. Der im Frühjahr stärker bepflanzte Kasten dagegen sieht gleich viel üppiger aus und wird bis zum Hochsommer regelrecht überquellen. Fällt – aus welchen Gründen auch immer – dann einmal eine Pflanze aus, so entsteht keine Lücke, sondern die anderen überwuchern den entstandenen Freiraum sofort.

Welche Farbe passt nun auf meinen Balkon?

Über Geschmack lässt sich nicht streiten, heißt es treffend. Daher gilt für mich: Erlaubt ist, was gefällt. Ihnen muss der Balkon, die Terrasse, der Fensterschmuck gefallen – niemandem sonst. Freilich sollten Sie aber doch beachten, wie die Fassadenfarbe des Hauses oder die Farbe des Balkongeländers zu den Blüten passt. Besonders wichtig ist das dann, wenn „Ton in Ton" gepflanzt wird. Toll sieht es aus, wenn beispielsweise gleich die Farbe der Polsterung der Sitzgarnitur und des Sonnenschirms mit den Blüten harmoniert. Aber: Lassen Sie sich nicht zu sehr einschränken. Sind Sie Anfänger, dann wählen Sie doch bunte Kästen und Ampeln – Sie werden im Laufe der Jahre entdecken, welche Farbe zu Ihnen und Ihrem Paradies passt. Und so kann das Malen mit Blüten und Blättern beginnen. Greifen Sie in den Farbtopf der Natur, den die Gärtner bereitstellen. Achten Sie nur auf den richtigen Standort: Ob Schatten oder Wind – für beide Extreme gibt es Vorschläge. Damit das Blütenjahr nie endet, finden Sie auch Ideen für Herbst, Winter und das Frühjahr.

Sie werden sehen, kein Balkon ist zu klein und keine Fensterbank zu schmal, als dass nicht doch ein wenig Grün darauf Platz fände. Ihr eigenes Reich „Balkonien" wird so zum ganz persönlichen Staatsgebiet – zur Erholungsinsel für Ihre Seele.
Das sollte der einzige Grund sein, warum wir unsere Umgebung mit Blumen schmücken.

Tipp *Gestaltungsregel*

Um die Vielfalt zu erhöhen, wird in die Musterkästen meist von jeder Pflanzenart nur ein Exemplar gesetzt. Das mag manche Gartenprofis überraschen, die gelernt haben, dass mindestens drei Pflanzen jeweils in Gruppen zu setzen sind. Auf dem Balkon gilt diese Regel – schon aus Platzmangel – nicht. Aber die Wiederholung von Pflanzen in benachbarten Kästen schafft trotz aller Buntheit wieder Akzente.

Strahlendes Gelb

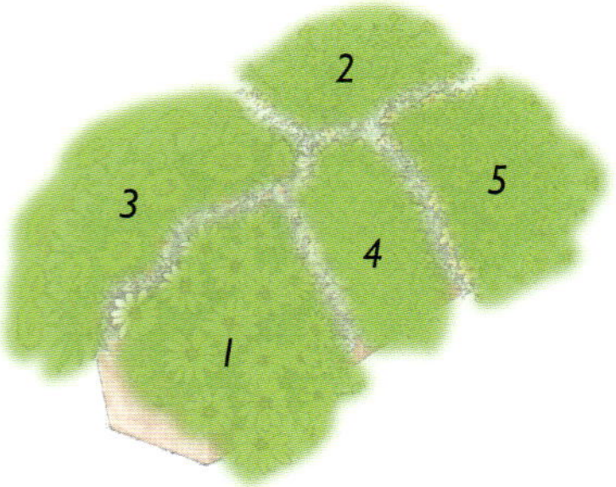

Gelb ist der Inbegriff für Leuchtkraft. Keine andere Farbe ist so weit sichtbar wie diese, und so sind gelb blühende Pflanzen immer gefragt. Nicht zuletzt deshalb ist wahrscheinlich die Sonnenblume mit ihrem meist gelben Blüten-Kranz eine der beliebtesten Pflanzen. Sonnenähnlich überragt sie ganze Beete, ja sogar Gärten.

Und so träumen viele von einem Blumenkasten in strahlendem Gelb. Besonders in einem verregneten Sommer strahlt ein solcher Blütenreigen mit großer Farbkraft, und die Bepflanzung ist weithin sichtbar. Gelb gehört zu den „warmen" Farben – es heißt, dass es Dynamik vermittelt und Aufmerksamkeit schafft.

Die Pflanzen für einen Balkonkasten „Strahlendes Gelb" (Länge 100 cm)

1 Kapkörbchen – Kapringelblume (Osteospermum ecklonis 'Lemon Symphony'), 1 Stk.
2 Husarenknöpfchen (Sanvitalia procumbens 'Aztekengold'), 1 Stk.
3 Garten-Strohblume (Helichrysum bracteatum 'Golden Beauty'), 1 Stk.
4 Oregano (Origanum vulgare 'Aureum'), 1 Stk.
5 Goldmarie – Gold-Zweizahn (Bidens ferulifolia 'Mega Sun'), 1 Stk.

PFLANZPLAN

für einen Balkonkasten „Strahlendes Gelb“

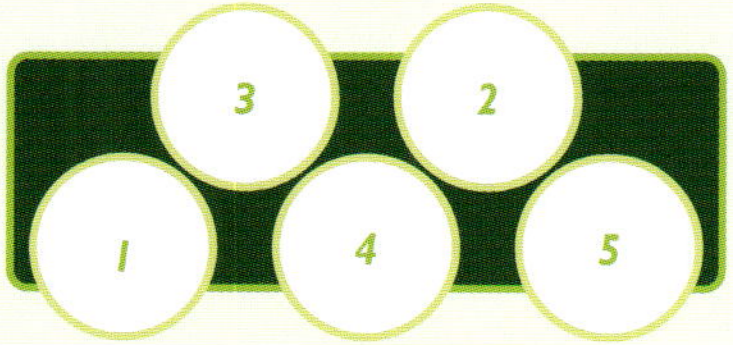

1 Kapkörbchen – Kapringelblume
(Osteospermum ecklonis ‘Lemon Symphony’)
Ein shooting star unter den Balkon- und Beetpflanzen. Die neuesten Züchtungen wachsen kompakt und blühen unermüdlich. Noch ein Vorteil: Schnecken mögen die Pflanze nicht.

2 Husarenknöpfchen (Sanvitalia procumbens ‘Aztekengold’)
Das Husarenknöpfchen hat meist einen schwachen Start, aber schon im Juli ist diese Pflanze mit bis zu 80 cm langen Trieben eine Augenweide. Nicht erschrecken: In der Hitze machen manchmal – trotz ausreichender Bewässerung – die Blätter schlapp.

3 Garten-Strohblume (Helichrysum bracteatum ‘Golden Beauty’)
Die gute alte Strohblume hat sich völlig verändert – jetzt ist sie ein Dauerblüher, der buschig und kompakt wächst. Es gibt kaum Schädlinge, die gefährlich werden können.

4 Oregano (Origanum vulgare ‘Aureum’)
Das alte Würzkraut – hier mit goldgelben Blättern – ist eine ideale Blattschmuckpflanze. Die Blätter bringen Farbe in jeden Balkonkasten. Zum Würzen eignet sich dieser Oregano, aber es gibt deutlich würzigere Sorten.

5 Goldmarie – Gold-Zweizahn (Bidens ferulifolia ‘Mega Sun’)
Diese kräftig wachsende Pflanze gilt in Mittelamerika als Unkraut – bei uns ist sie eine der kräftigsten Beet- und Balkonpflanzen. Ein sonniger Standort – und schon beginnt das große Blühen.

Nicht verzagen, wenn eine Pflanze plötzlich nicht mehr will. Oft hilft wie beim Kapkörbchen ein kräftiger Rückschnitt, eine Düngung – und nach kurzer Zeit ist sie wieder üppig grün.

Das strahlende Gelb der Strohblume hat Langzeitnutzen: Die Blütenköpfe eignen sich zum Trocknen und sehen in Glasgefäßen sehr dekorativ aus.

Tipp

Das Kapkörbchen hat sich in den letzten Jahren als echter Favorit entpuppt. Es ist absolut robust, unempfindlich gegen Regen und blüht den ganzen Sommer durch – vor allem als Beetpflanze. In sehr dicht bepflanzten Kästen kann es aber manchmal zu Pilzkrankheiten kommen, daher für einen luftigen Platz sorgen.

Strahlendes Gelb – im Detail

Kapkörbchen – Kapringelblume
(Osteospermum ecklonis
'Lemon Symphony')

Blütezeit: Mai bis Oktober.
Standort: sonnig – bei extremer Hitze lässt die Blüte nach.
Überwinterung: nicht sinnvoll.
Wuchshöhe: bis zu 30 cm.

Die neuesten Züchtungen des Kapkörbchens wachsen kompakt und blühen unermüdlich. Regelmäßiges Ausputzen von Verblühtem fördert die Nachblüte, ist aber nicht unbedingt notwendig. Wichtig ist der sonnige, luftige Standort, da sich die Blüten nur bei voller Sonne öffnen. Die margeritenähnlichen Blüten gibt es in Gelb ('Lemon Symphony'), Zartgelb, Orange, Vanille- und Pfirsichfarben. Die neuen Kapringelblumen wachsen sehr kompakt und breiten sich teppichartig aus. An windigen Standorten ideal. Aufpassen, dass die Pflanze nicht zu „stickig" steht – das mag sie nicht.

Husarenknöpfchen
(Sanvitalia procumbens 'Aztekengold')

Blütezeit: Mai/Juni bis Oktober.
Standort: sonnig – bei großer Hitze welkt das Laub.
Überwinterung: nicht möglich.
Wuchshöhe: 15 cm, hängt aber bis zu 80 cm nach unten.

Das Husarenknöpfchen beginnt etwas zögerlich zu wachsen, wird dann aber rasch zur blühenden Schönheit. Während langer Hitzeperioden können die Blätter trotz regelmäßiger Bewässerung zu welken beginnen. Pflanzen daher nie austrocknen lassen. 'Aztekengold' lässt sich nicht verdrängen und kann auch mit starkwüchsigen Partnern verwendet werden. Unverträglichkeit mit *Plectranthus* (Weihrauchpflanze, Mottenkönig) möglich. An Schädlingen sind im Allgemeinen nur Blattläuse und Weiße Fliege möglich, aber meist kein Problem.

Wenn Pflanzen die Blätter hängen lassen, dann bedeutet das meist: Durst! Aber nicht immer! Bei zu viel Dünger kommt es ebenso zur Blattwelke wie bei einem Zuviel an Wasser. In beiden Fällen hilft meist, die Erde trockener zu halten.

Kapkörbchen – Kapringelblume

Husarenknöpfchen

Garten-Strohblume

Oregano

Goldmarie – Gold-Zweizahn

Garten-Strohblume
(*Helichrysum bracteatum* 'Golden Beauty')

Blütezeit: Mai bis Oktober.
Standort: sonnig.
Überwinterung: nicht möglich.
Wuchshöhe: bis zu 30 cm.

Die gute alte Strohblume strahlt heute in neuem Blütenglanz. War sie früher eine etwas altmodische Bauerngartenpflanze, so sind die neuen Strohblumen – Sorten 'Sundaze' und 'Chico' – Dauerblüher. Sie wachsen buschig und kompakt und machen jedem Beet und Balkonkasten Ehre.
Es treten kaum Schädlinge auf, die gefährlich werden können.

Oregano
(*Origanum vulgare* 'Aureum')

Blütezeit: unbedeutend, Blattschmuck.
Standort: sonnig, verträgt kurzzeitig Trockenheit.
Überwinterung: nur im Garten ausgepflanzt möglich.
Wuchshöhe: dichte Polster bis zu 30 cm.

Die Sorte eignet sich als Bodendecker auch noch in halbschattigen Lagen. Die leuchtend gelben Blätter bringen Farbe in jeden Balkonkasten. Schädlinge gibt es bei dieser Pflanze keine. Oregano eignet sich sehr gut zum Würzen – wer könnte sich schon eine Pizza ohne dieses Gewürz vorstellen! Die hier verwendete Sorte hat ebenfalls den Geschmack, aber nur in einem sehr geringen Ausmaß. Verwendbar ist sie, aber es gibt deutlich würzigere Sorten.

Besonders ungestüm wachsende Pflanzen – wie die Goldmarie – sind in den letzten Jahren durch neue Züchtungen gezähmt worden. Daher ist es besonders wichtig, auf die exakte Sorte zu achten. Nur diese garantiert die erwünschte Wuchsform.

Goldmarie – Gold-Zweizahn
(*Bidens ferulifolia* 'Mega Sun')

Blütezeit: Mai bis Oktober.
Standort: sonnig.
Überwinterung: möglich, aber nicht sinnvoll.
Wuchshöhe: bis zu 80 cm lange Triebe.

Die wuchsfreudige Goldmarie stammt aus Mittelamerika und gilt dort als Unkraut in Mais-, Soja- und Getreidekulturen. Wir schätzen sie als raschwüchsige Beet- und Balkonpflanze. Damit die Pflanze wachsen kann, wie sie will, benötigt sie einen sonnigen Standort sowie viel Wasser und Dünger. Schädlinge wie Weiße Fliege, Minierfliege und Thripse können auftreten, ohne aber großen Schaden anzurichten.

Ganz in Weiß

Wenn sich auf den griechischen Inseln das Weiß der Häuser mit dem dunklen Blau des Himmels trifft – dann ist das Sommer pur. Ein Traum, der aber nicht nur im fernen Urlaubsland wahr werden kann, sondern auch auf Balkon und Terrasse. Der Blumenschmuck „Ganz in Weiß" wird diesem Traum gerecht. Gerade an der Südseite eines Hauses, umgeben von Palmen und Oleander, ist Weiß die ideale Begleitfarbe. Beachten sollte man nur, dass manche Blüten in dieser Farbe sehr regenempfindlich sind. Daher wären überdachte Plätze ideal.

Die Pflanzen für einen Balkonkasten „Ganz in Weiß" (Länge 100 cm)

1 Pelargonie (Pelargonium (Zonale Grp.) 'Bianca'), 1 Stk.
2 Duftsteinrich (Lobularia maritima), 1 Stk.
3 Strauchmargerite (Agryanthemum frutescens), 1 Stk.
4 Lakritz-Strohblume (Helichrysum petiolare 'Silver Mini'), 1 Stk.
5 Mehl-Salbei (Salvia farinacea 'Victoria Silver'), 1 Stk.
6 Japanische Hänge-Petunie (Petunia 'Surfinia White'®), 1 Stk.

PFLANZPLAN

für einen Balkonkasten „Ganz in Weiß“

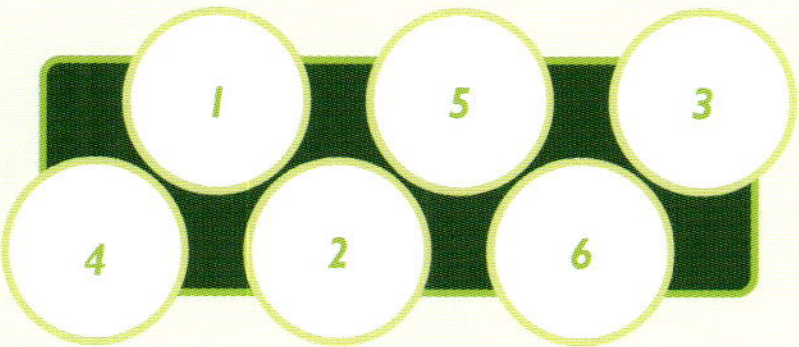

1 Pelargonie (Pelargonium (Zonale Grp.) ‘Bianca’)
Geranien, wie sie auch heißen, sind sicherlich die robustesten Balkonblumen. Allerdings sind die weiß blühenden etwas empfindlicher als alle anderen.

2 Duftsteinrich (Lobularia maritima)
Schon der Duft ist es wert, diese Pflanze zu verwenden. Sie ist empfindlich gegen Austrocknen, aber auch gegen Staunässe.

3 Strauchmargerite (Agryanthemum frutescens)
Manche Margeriten sind wie verhext. Sie blühen, und plötzlich lassen sie die Blätter hängen – eine Miniermotte ist schuld. Neue Sorten sind robuster.

4 Lakritz-Strohblume (Helichrysum petiolare ‘Silver Mini’)
Eine viel zu selten verwendete Pflanze, die absolut robust wächst. Als sogenannte (nichtblühende) Strukturpflanze sorgt diese Südafrikanerin für eindrucksvolle Optik. Ohne Dünger wächst sie sogar besser – eine absolute Faulenzerpflanze!

5 Mehl-Salbei (Salvia farinacea ‘Victoria Silver’)
Gehört zu den Top-Pflanzen: wächst flott und ist absolut pflegeleicht. Wer ebenso begeistert ist, sollte auch die blaue Sorte (‘Victoria blue’) probieren.

6 Japanische Hänge-Petunie (Petunia ‘Surfinia White’®)
Seit vielen Jahren ein Highlight auf dem Balkon. Manche Surfinia leidet an Chlorose (gelbe Blätter) – da muss dann rasch mit Eisendünger „gedopt“ werden.

Tipp

Weiße Blumen sind immer empfindlicher als alle anderen. Daher sollte man bei der Wahl des Standortes darauf achten, dass dieser Blumenkasten nicht zu stark der Witterung ausgesetzt ist.

Sechs Pflanzen auf einen Kasten mit einem Meter Länge scheinen viel – doch dadurch ist er rasch bewachsen und quillt regelrecht von Blüten über.

Wenn bei diesem Vorschlag einmal – aus welchen Gründen auch immer – eine Pflanze ausfällt, dann wird die Lücke durch die anderen rasch geschlossen – das ist der Vorteil einer dichten Bepflanzung.

Ganz in Weiß – im Detail

Pelargonie aufrechtwachsend

(Pelargonium (Zonale Grp.) *'Bianca')*

Blütezeit: Mai bis Oktober.
Standort: sonnig oder leicht schattig.
Überwinterung: möglich – kühler, heller und trockener Standort.
Wuchshöhe: ca. 40 cm.

Die Pelargonie oder Geranie, wie sie oft genannt wird, ist die beliebteste Balkonpflanze. Es gibt sie in vielen Varianten, seltener anzutreffen ist sie in Weiß. Pelargonien benötigen humusreiche, nicht staunasse Blumenerde, die am besten mit einem Langzeitdünger vermischt wurde. Wer reichlich gießt und mindestens wöchentlich düngt, hat an diesen Pflanzen lange Freude. Geranien „reinigen" sich nicht selbst – Abgeblühtes sollte ausgebrochen werden.
An Schädlingen treten Blattläuse, Spinnmilben und Weiße Fliegen auf. Gefährlich ist nur die Pelargonienwelke: Befallene Pflanzen (viele gelbe Blätter) sofort wegwerfen.

Duftsteinrich

(Lobularia maritima)

Blütezeit: Mai bis Oktober.
Standort: sonnig oder halbschattig.
Überwinterung: lohnt sich nicht.
Wuchshöhe: ca. 10 cm – bildet kleine, hängende Polster.

Der Duftsteinrich ist unter vielen Namen bekannt: Steinkraut, Alyssum und Strandsilberkraut. Letzterer Name sagt, woher diese herrlich duftende Pflanze kommt: von den Küstengebieten. In Sizilien ist sie wild genauso zu finden wie auf den Kanaren. Empfindlich ist der Duftsteinrich gegen Austrocknen, aber auch gegen Staunässe. An Schädlingen treten ganz selten Blattläuse und etwas häufiger die Weiße Fliege auf. Biospritzmittel helfen aber sofort. Die Polsterpflanze regelmäßig leicht düngen.

Manche Balkonblumen sind nicht nur etwas für's Auge. Gerade der Duftsteinrich beweist dies: Sein betörender Duft ist schon von weitem zu riechen.

Pelargonie aufrechtwachsend

Duftsteinrich

Strauchmargerite

Lakritz-Strohblume

Mehl-Salbei

Japanische Hänge-Petunie

Strauchmargerite

(Agryanthemum frutescens)

Blütezeit: März bis Oktober.
Standort: sonnig.
Überwinterung: hell
und kühl und eher trocken als feucht.
Wuchshöhe: bis zu 50 cm.

Wenn Margeriten zwar wunderbar blühen, dann aber plötzlich die Blätter hängen lassen, hat eine Miniermotte zugeschlagen. Neue Sorten sind robuster. Und deshalb gehört diese Pflanze zum Standard-Programm für jeden Terrassen- oder Balkongarten. Wichtig ist, dass verblühte Margeriten ständig abgezwickt werden; so wächst die Pflanze munter weiter. Die Miniermotte wird am besten bekämpft, indem man befallene Blätter entfernt.

Lakritz-Strohblume

(Helichrysum petiolare 'Silver Mini')

Blütezeit: keine – Blatt-Strukturpflanze.
Standort: sonnig.
Überwinterung: möglich, aber nicht sinnvoll – wenn, dann ganz trocken und hell.
Wuchslänge: 50 bis 70 cm und mehr!

Die Strohblume ist ein schöne Strukturpflanze (zierend sind hier nicht die Blüten, sondern das Blattwerk) für das Balkonkistchen. Wer den Dauerdünger rund um diese Pflanze ausspart, kann hier punkten, dann kommt es nämlich nicht zu einem überlangen Wachstum, sondern zu einem kompakten Wuchs. Besonders an windanfälligen Stellen und in Blumenkörben hat sich diese Pflanze hervorragend bewährt.

Mehl-Salbei

(Salvia farinacea 'Victoria Silver')

Blütezeit: Juni bis September – hat aber auch sehr dekorative „mehlige" Blätter.
Standort: sonnig.
Überwinterung: möglich, aber nicht sinnvoll – in milden Gegenden sogar im Freien winterhart.
Wuchshöhe: 30 bis 40 cm.

Der weiße Mehl-Salbei (eine Art von Ziersalbei) wächst kompakt, und aus dem herrlichen Laub steigen schlanke Blütenrispen empor. Das graugrüne Laub ist für sich schon Dekoration; in Kombination mit blauen Pflanzen wirkt er besonders. In unserem Kasten „Ganz in Weiß" ist er quasi der Puderzucker! Die Pflanze ist relativ genügsam, muss nicht allzu viel gedüngt werden und darf niemals zu nass stehen. Wer viel Geschick hat, kann den Salbei auch überwintern. Viel Kies und Sand sollten dann im Blumentopf sein, damit es nicht zu Staunässe kommt.

Japanische Hänge-Petunie

(Petunia 'Surfinia White'®)

Blütezeit: Ende April bis September.
Standort: sonnig. Überwinterung: nicht möglich.
Wuchshöhe: bis zu 80 cm lange Triebe und mehr.

Als Klassiker auf dem Balkon bestens bekannt, übertrifft manche Surfinia-Petunie die kühnsten Erwartungen – und deckt bei idealer Witterung bis Mitte Juli ein ganzes Balkongeländer zu. Wichtig bei allen Surfinien ist das Düngen. Idealerweise verwendet man einen speziellen Surfinien-Dünger, der freilich auch für andere Balkonblumen (wie in diesem Kasten) geeignet ist. Treten gelbe Blätter auf, dann muss rasch mit Eisendünger „gedopt" werden – über einen längeren Zeitraum. Wer ausreichend düngt, hält die Pflanzen bis zum Ende der Balkonsaison gesund.

Manchmal tritt bei Surfinien gegen Ende August Mehltau auf. Sehr oft ist das ein typisches Anzeichen für zu geringes Düngen. Die Pflanze leidet unter dem Düngemangel und wird krank. Daher rechtzeitig nachdüngen – eventuell auch mit einem rasch wirkenden Blattdünger.

Rot wie die Liebe

Wohl keine andere Farbe hat eine so eindeutige Zuordnung wie Rot. Rote Rosen bedeuten wohl für alle: Da ist ein bisschen mehr ... Beim Balkonkasten ganz in Rot wird nicht die Liebe ausschlaggebend für die Farbwahl sein – vielleicht die Liebe zu den Pflanzen generell. Die roten Blüten symbolisieren einmal mehr die sommerliche Hitze und das Feuer des Südens. Keine andere Farbe ist so beliebt wie diese, und so ist die Auswahl für eine solche Balkongestaltung am größten. So wie Gelb wirkt auch die „warme“ Farbe Rot dynamisch, aktivierend, aber auch aggressiv und manchmal sogar bedrückend oder beengend.

Die Pflanzen für einen Balkonkasten „Rot wie die Liebe“ (Länge 100 cm)

1 Pelargonie (Pelargonium (Zonale Grp.) ‘Ventura’), 2 Stk.
2 Japanische Hänge-Petunie (Petunia ‘Surfinia Baby Red’®), 1 Stk.
3 Balkon-Verbene – Eisenkraut (Verbena ‘Temari Scarlet’®), 1 Stk.
4 Balkon-Dahlie (Dahlia ‘Dalina Salomon’®), 1 Stk.
5 Zigarettenblume (Cuphea llavea ‘Tiny Winnie’), 1 Stk.

PFLANZPLAN

für einen Balkonkasten „Rot wie die Liebe“

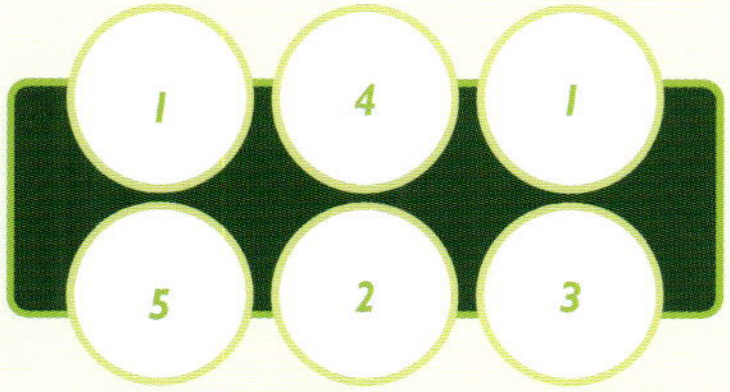

1 **Pelargonie (Pelargonium (Zonale Grp.) ‘Ventura’)**
Rote Pelargonien (Geranien) sind sicherlich die bekanntesten und beliebtesten Balkonblumen. Sie brauchen nur eine humusreiche Blumenerde, am besten mit einem Langzeitdünger.

2 **Japanische Hänge-Petunie (Petunia ‘Surfinia Baby Red’®)**
Sie ist ein Superstar – innerhalb weniger Wochen hat sie eine Länge von einem Meter erreicht. Deshalb ist es wichtig, dass sie gut gedüngt wird.

3 **Balkon-Verbene – Eisenkraut (Verbena ‘Temari Scarlet’®)**
Verbenen werden – dank der vielen neuen und besonders robusten Züchtungen – immer beliebter. Die hier gewählte Sorte hat ein kräftiges Rot und ist wenig mehltauanfällig.

4 **Balkon-Dahlie (Dahlia ‘Dalina Salomon’®)**
Die Sortenvielfalt bei den Dahlien ist ungeheuer. Balkongärtner sollten darauf achten, dass sie keine zu hohen Arten erwischen. Samenstände abschneiden, dann ist für reichlich Blüte gesorgt.

5 **Zigarettenblume (Cuphea llavea ‘Tiny Winnie’)**
Die Blüten von ‘Tiny Mice’ sehen aus wie Mäuse. Die kleine Mexikanerin benötigt gleichmäßig Wasser und Dünger, dann wächst sie kräftig.

Pelargonien-Rost kann lästig sein, besonders in einem regenreichen Jahr. An der Blattunterseite bilden sich braune Pusteln. Wer rasch die befallen Blätter entfernt, kann die Krankheit eindämmen.

Wenn mitten im Sommer plötzlich eine Pelargonie das Zeitliche segnet, dann gibt es kaum passenden Ersatz. Stecken Sie einige Samen der Kapuzinerkresse in die Erde – sie wird die Lücke in drei bis vier Wochen (kostengünstig) füllen.

Tipp

Rot ist die beliebteste Farbe – dennoch heißt es aufpassen: Ein kleiner Balkon mit ausschließlich roten Pflanzen wirkt noch kleiner, als er schon ist. Aber – wenn Sie die Farbe lieben, dann lassen Sie sich durch nichts abhalten.

Rot wie die Liebe – im Detail

Pelargonie aufrechtwachsend

(*Pelargonium* (Zonale Grp.) 'Ventura')

Blütezeit: Mai bis Oktober.
Standort: sonnig oder leicht schattig.
Überwinterung: möglich – kühler, heller und trockener Standort.
Wuchshöhe: ca. 40 cm.

Rote Pelargonien (Geranien) sind *die* Balkonblumen schlechthin. Sie brauchen zur Blütenpracht – wie alle ihre andersfarbigen Kollegen – gute Blumenerde, die am besten mit einem Langzeitdünger vermischt wurde. Reichlich gießen, mindestens wöchentlich düngen und alle verblühten Triebe entfernen. Aufrechte Pelargonien „reinigen" sich nicht selbst, Abgeblühtes sollte ausgebrochen werden. An Schädlingen treten Blattläuse, Spinnmilben und Weiße Fliegen auf.

Japanische Hänge-Petunie

(*Petunia* 'Surfinia Baby Red'®)

Blütezeit: Ende April bis September.
Standort: sonnig.
Überwinterung: nicht möglich.
Wuchshöhe: bis zu 1 m lange Triebe.

'Classic Red' ist eine rasant wachsende Sorte, die innerhalb kurzer Zeit die Hauptrolle im Blumenkasten übernehmen kann, wenn sie gut gedüngt wird. Idealerweise verwendet man einen speziellen Surfinien-Dünger. Darin ist Eisen enthalten. Bei sehr kalkhaltigem Gießwasser kann es aber von der Pflanze nicht aufgenommen werden, so dass es deshalb zu den typischen gelben Blättern kommt (so wie bei *Citrus* und Kamelien).

Gelbe Blätter bedeuten nicht nur Eisen-, sondern auch allgemeinen Nährstoffmangel. Daher unbedingt ausreichend düngen, sonst kann es zu Wachstumsproblemen und Krankheiten kommen.

Pelargonie aufrechtwachsend

Japanische Hänge-Petunie

Balkon-Verbene – Eisenkraut

Balkon-Dahlie

Zigarettenblume

Balkon-Verbene – Eisenkraut

(*Verbena* 'Temari Scarlet'®)

Blütezeit: Ende Mai bis Oktober.
Standort: sonnig bis halbschattig.
Überwinterung: nicht sinnvoll.
Wuchshöhe: bis zu 30 cm und höher.

Eine der robusten Neuzüchtungen ist 'Temari Scarlet'. Sie punktet mit leuchtend roten Blüten und sehr guter Resistenz gegen Mehltau. Auch der Regen kann den Pflanzen kaum etwas anhaben.

Balkon-Dahlie

(*Dahlia* 'Dalina Salomon'®)

Blütezeit: Juli bis Oktober.
Standort: sonnig.
Überwinterung: möglich – siehe Tipp!
Wuchshöhe: 25 bis 30 cm.

Dahlien werden in allen Farben, Formen und Wuchshöhen angeboten. Von der Kaktus-Dahlie bis zur Pompon-Dahlie gibt es die verschiedensten Blütenformen. Für den Balkon eignen sich die niedrig wachsenden Sorten. Ständiges Gießen und Düngen ist für gutes Wachstum notwendig. Auch das Abschneiden von Samenständen wird empfohlen, dann ist für reichen Blütenflor gesorgt.

Zigarettenblume

(*Cuphea llavea* 'Tiny Winnie')

Blütezeit: Mai bis September.
Standort: sonnig.
Überwinterung: nicht möglich.
Wuchshöhe: 20 bis 40 cm.

Früher war die *Cuphea ignea* als Zigarettenblume bekannt, denn die Blüte hatte die Form einer Zigarette. Die Blüten von *C. llavea* sehen dagegen aus wie Mäuse! Der Name sagt es – trotzdem kennt man sie noch als Zigarettenblume. Regelmäßiges Bewässern und Düngen dankt sie mit kräftigem Wachstum. Man sollte darauf achten, dass sie nicht von besonders stark wachsenden Pflanzen zu Beginn überwuchert wird. Später setzt sie sich aber durch.

Tipp

Kaum zu glauben – innerhalb eines Sommers bilden auch die kleinen Balkon-Dahlien dicke Knollen. Ausgraben, etwas abtrocknen und an einem kühlen (!), frostfreien Ort in einem Karton (evtl. in trockenem Sand) aufbewahren. Sie werden staunen, wie gewaltig die Dahlien im kommenden Jahr wachsen.

Tipp *für Experten*

Pelargonien werden am besten im Juli/August durch Stecklinge vermehrt. Diese werden dann überwintert und im Frühjahr in die endgültigen Töpfe gesetzt. Aber auch die großen Pflanzen können für das nächste Jahr aufbewahrt werden. Die Stöcke werden um mindestens ein Drittel zurückgeschnitten und alle vertrockneten und verwelkten Blätter entfernt. Gegossen wird nur sehr sparsam.
Ab Februar oder März holt man die Stöcke in einen hellen, wärmeren Raum und pflanzt sie um. Ab April können die Pflanzen an sonnigen Tagen bereits abgehärtet werden.
Bei kühlem, regnerischem Wetter oder gar Frost aber unbedingt wieder ins Haus stellen.

Azurblaues Paradies

Ein strahlend blauer Himmel, Schaumkronen auf einem himmelblauen Meer – und in einem blau-weißen Strandkorb sitzen. So muss es im Paradies gewesen sein – oder bin ich schon im Garten Eden? Mit einem Blumenkasten ganz in Azurblau ist man dem Paradies auf jeden Fall ein Stück näher. Blau ist sicherlich eine Farbe, die – nach Rot – in der Beliebtheitsskala ganz weit oben liegt. In der Natur ist es anders, denn offenbar mögen die Bienen Blau nicht so sehr. Daher ist die Blütenfarbe Blau eher selten zu finden – aber um so begehrter. Neue, sehr robuste und dazu auch noch pflegleichte Züchtungen kommen diesem Modetrend nach. Und so kann sich unser blauer Balkonkasten schon einen Wettstreit mit dem Sommerhimmel liefern.

Die Pflanzen für einen Balkonkasten „Azurblaues Paradies“ (Länge 100 cm)

1 Großer Gauchheil (Anagallis monellii 'Skylover'), 1 Stk.
2 Torenie (Torenia fournieri 'Summerwave Blue'®), 1 Stk.
3 Fächerblume (Scaevola aemula 'Brillant'), 1 Stk.
4 Mehl-Salbei (Salvia farinacea 'Victoria Blue'), 1 Stk.
5 Elfenspiegel (Nemesia strumosa 'Ravello'), 1 Stk.
6 Weihrauchpflanze (Plectranthus forsteri 'Silver Foil'), 1 Stk.

PFLANZPLAN

für einen Balkonkasten „Azurblaues Paradies“

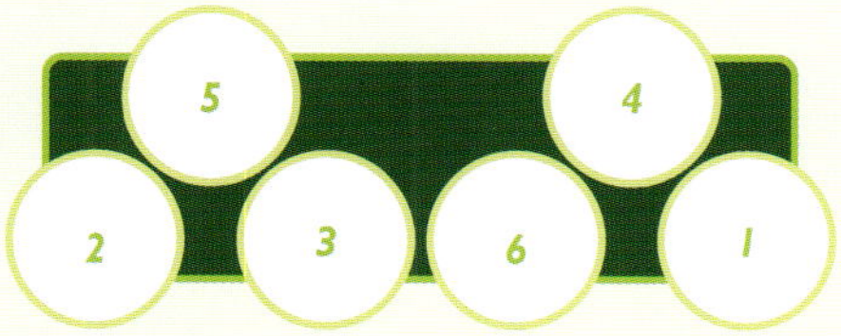

1 **Großer Gauchheil (Anagallis monellii 'Skylover')**
Der Name spricht Bände: 'Skylover' ist eine fantastisch reich blühende Pflanze, deren Farbe der eines Abendhimmels in der Südsee zu vergleichen ist.

2 **Torenie (Torenia fournieri 'Summerwave Blue'®)**
Die Torenie stammt aus Vietnam und dem tropischen Asien. Im kühlen Mai lässt sie sich zunächst ein wenig Zeit mit dem Blühen, dann allerdings sind die Blüten unvergleichlich.

3 **Fächerblume (Scaevola aemula 'Brillant')**
Fächerblumen gibt es viele, aber genau diese Sorte ist einzigartig: große Blüten, die schon im Mai weithin sichtbar sind und denen auch der Regen nichts anhaben kann.

4 **Mehl-Salbei (Salvia farinacea 'Victoria Blue')**
Der Mehl-Salbei wächst kompakt, und aus dem herrlichen Laub steigen die schlanken blauen Blütenrispen empor. Das graugrüne Laub ist für sich schon Dekoration.

5 **Elfenspiegel (Nemesia strumosa 'Ravello')**
Der Elfenspiegel ist eine Pflanze, die aus Südafrika stammt und in den letzten Jahren immer beliebter wird. Grund dafür ist die geschmeidige Wuchsform.

6 **Weihrauchpflanze (Plectranthus forsteri 'Silver Foil')**
Manche sind von der Weihrauchpflanze begeistert, andere können den Geruch nicht ausstehen. Die Fans kennen die Wuchsfreude, ja den extrem starken Wuchs – bis zu 1,5 Meter.

Tipp

Elfenspiegel gibt es in vielen Sorten ('Innocent' – weiß; 'Blue Bird' – blau; 'Melanie' – rosa). Der zarte Duft von Elfenspiegel ist nur für feine Nasen wahrzunehmen. Die weiße Sorte riecht, so wie übrigens bei vielen anderen weißen Pflanzenarten auch, intensiver.

Viele der neuen Pflanzen sind steril, sie setzen also keine Samen an. Das bedeutet: Die ganze Kraft geht in die Bildung neuer Blüten. Wenn das nicht zutrifft, dann müssen die Samenstände sofort entfernt werden.

Tipp

Blau ist beliebt – daher versuchen auch Züchter immer, blaue Pflanzen zu kreieren. Bei den Balkonblumen ist das schon perfekt gelungen – bei den Rosen sind die Erfolge noch bescheiden.

Azurblaues Paradies – im Detail

Großer Gauchheil

(*Anagallis monellii* 'Skylover')

Blütezeit: Mai bis Oktober.
Standort: sonnig.
Überwinterung: nicht möglich.
Wuchshöhe: bis zu 40 cm lange Triebe.

Die Sorte 'Skylover' glänzt mit üppiger Blüte und einem einzigartigen Blau. Die Triebe werden bis zu 50 cm lang, die Blüten haben oft einen Durchmesser von 2 cm. Eine robuste Pflanze, die lange blüht.

Torenie

(*Torenia fournieri* 'Summerwave Blue'®)

Blütezeit: Juni bis September.
Standort: hell bis vollsonnig.
Überwinterung: nicht möglich.
Wuchshöhe: 20 bis 30 cm.

Aus ihren Heimatgebieten tropische Temperaturen gewohnt, beginnt die Torenie in unserem Klima ein wenig spät zu blühen. Hat sie dann allerdings ihre Blüten geöffnet, ist sie eine unvergleichliche Balkonplanze. Nicht zu nass halten (vor allem bei Regen) und regelmäßig, aber nicht übermäßig düngen.

Fächerblume

(*Scaevola aemula* 'Brillant')

Blütezeit: Mai bis September.
Standort: sonnig.
Überwinterung: nicht sinnvoll.
Wuchshöhe: Triebe bis zu 80 cm und länger.

Fächerblumen sind witterungsbeständig und selbstreinigend, also sehr unkompliziert in der Pflege. Sie lieben sonnige Lagen und gute Düngung, dann blühen sie reichlich von Mai bis zum Frosteinbruch, diese Sorte hier mit großen blauen Blüten. Stauende Nässe vertragen Fächerblumen nicht gut.

Heute nennt man eine solche Pflanze wie die Fächerblume wohl einen shooting star. Sie ist robust, blüht reichlich und verträgt auch nicht gerade optimale Lichtbedingungen.

Großer Gauchheil

Torenie

Fächerblume

Mehl-Salbei

Elfenspiegel

Weihrauchpflanze

Japanische Hänge-Petunie (Petunia 'Surfinia Sky Blue'®) in einer Ampel als blaue Variante – die „Hanging Baskets" aus England sind das Vorbild.

Elfenspiegel

(*Nemesia strumosa* 'Ravello')

Blütezeit: Mai bis Oktober.
Standort: sonnig, windverträglich.
Überwinterung: nicht sinnvoll.
Wuchshöhe: bis zu 50 cm (hängt dann wunderbar über).

Der Elfenspiegel stammt aus Südafrika und liegt bei uns als Blumenampelpflanze voll im Trend, denn dabei kommt seine geschmeidige Wuchsform besonders gut zu Geltung. Ausputzen ist ratsam, aber nicht unbedingt notwendig. Die Pflanze blüht dann aber etwas weniger stark. Nicht übermäßig gießen, aber auch niemals austrocknen lassen.

Beim Düngen kann als Faustregel gelten: Je zarter eine Pflanze wächst, desto weniger Dünger benötigt sie. Kräftig wachsende Pflanzen sind dementsprechend hungriger. Ein Zuviel oder Zuwenig an Dünger entscheidet oft über Erfolg oder Misserfolg.

Mehl-Salbei

(*Salvia farinacea* 'Victoria Blue')

Blütezeit: Juni bis September.
Standort: sonnig.
Überwinterung: möglich, aber nicht sinnvoll – in milden Gegenden jedoch sogar im Freien winterhart.
Wuchshöhe: 30 bis 40 cm.

Das graugrüne Laub des Mehl-Salbei (einer Art von Ziersalbei) wirkt für sich allein schon dekorativ; mit den Blüten steigert sich die Pracht noch mehr. Damit der Salbei in diesem blauen Kasten schön blüht, sollte man Blütendünger verwenden. Der geringere Stickstoff- und der höhere Phosphoranteil sorgen für reichliche Blütenbildung.

Weihrauchpflanze

(*Plectranthus forsteri* 'Silver Foil')

Blütezeit: keine – Blatt-Strukturpflanze.
Standort: Sonne, Halbschatten, sogar heller Schatten.
Überwinterung: möglich, aber nicht sinnvoll.
Wuchshöhe: bis zu 1,50 m lange Triebe.

Die Weihrauchpflanze teilt die Balkongärtner in Freund und Feind. Ersteren imponiert die Wuchsfreudigkeit der Pflanze, Letztere lehnen ihren intensiven Geruch ab. Bis zu 1,5 Meter hängen die Triebe nach unten und manchmal überwuchert die Pflanze schwach wachsende Nachbarn. Aber Rückschnitt ist kein Problem. Ein verlässlicher Wachser – auch bei schlechtem Wetter.

Bunter geht's nicht

Die Welt ist nicht schwarz, sie ist auch nicht weiß – sie ist bunt! Deshalb haben Sie ruhig den Mut und greifen Sie in den Farbtopf der Natur. Die Auswahl für einen Balkonkasten „Bunter geht's nicht“ ist enorm, und es fällt schwer, sich zu entscheiden. Freilich gilt es auch hier Pflanzen auszuwählen, die robust sind, wenig Mühe machen und gut zu einander passen. Am geschicktesten ist es, wenn man einen bunten Balkon als Einheit betrachtet – da darf der Blumenkasten ohne weiteres wie die Farbpalette eines Malers aussehen, wenn rund herum wieder ein wenig (farbliche) Ruhe einkehrt. Also nicht auch noch zu bunten Sitzpolstern greifen, sondern hier eher eine einheitliche Farbe wählen.

Die Pflanzen für einen Balkonkasten „Bunter geht's nicht“ (Länge 100 cm)

1 Pelargonie (Pelargonium (Zonale Grp.) 'Survivor Salmon'), 1 Stk.
2 Petunie (Petunia 'Sylvana Evita'), 1 Stk.
3 Wandelröschen (Lantana camara 'Kolibri'), 1 Stk.
4 Sommerefeu (Mikania scandens 'Variegata'), 1 Stk.
5 Kartoffelblume (Solanum jasminoides), 1 Stk.
6 Schwarzäugige Susanne (Thunbergia 'Apricot'), 1 Stk.

PFLANZPLAN

für einen Balkonkasten „Bunter geht's nicht“

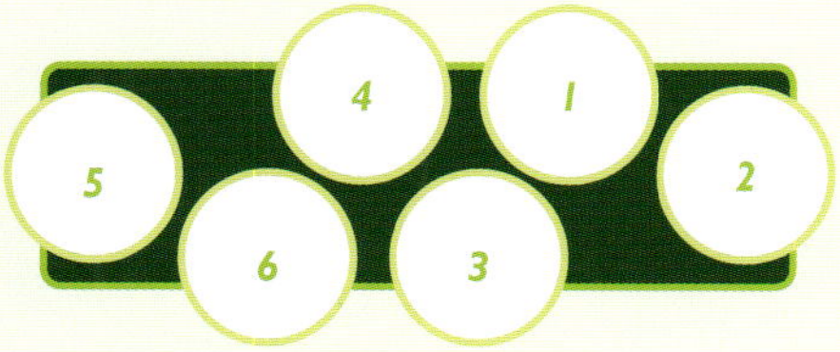

1 Pelargonie (Pelargonium (Zonale Grp.) 'Survivor Salmon') – rosa
Ein Sommer ohne Pelargonien (Geranien) muss ein Irrtum sein! Daher darf diese beliebteste Balkonblume nicht fehlen. Ob die 'Schöne Helena' oder eine andere rosafarbene Geranie, ist eigentlich einerlei.

2 Petunie (Petunia 'Sylvana Evita') – weiß/violett
Noch so ein Superstar unter den Petunien ist die „Königsglocke“, die unter dem Sortennamen 'Sylvana Evita' im Handel ist.

3 Wandelröschen (Lantana camara 'Kolibri') – orange/gelb
Die Wandlungsfähigkeit des 'Kolibri' ist enorm: Von orange bis gelb reicht die Farbe in nur einer Blüte. Interessant ist, dass diese Blüten sich von außen nach innen öffnen.

4 Sommerefeu (Mikania scandens 'Variegata') – grün/weiß
Mikania, besser bekannt als Sommerefeu, ist eine Strukturpflanze, die extrem schnellwüchsig ist. Mikania passt eigentlich in jeden Balkonkasten.

5 Kartoffelblume (Solanum jasminoides) – weiß
Kartoffelblumen sind schon von weitem zu erkennen, denn die dichten weißen Blütentrauben überstrahlen alles.

6 Schwarzäugige Susanne (Thunbergia 'Apricot') – apricot
Ein neuer Star am Blumenhimmel, könnte man beinahe sagen. Viele kennen die samenvermehrte Schwarzäugige Susanne; die neuen Sorten werden aus Stecklingen herangezogen und blühen besonders stark – eine von ihnen heißt ihrer Farbe entsprechend 'Apricot'.

Sie könnte zum Favoriten der nächsten Jahre werden: die Schwarzäugige Susanne. Allerdings nicht die aus Samen vermehrte, sondern eine besondere Selektion, die durch Stecklinge vermehrt wird. Sie blüht und blüht und durchwächst einen ganzen Balkonkasten, ohne die anderen Pflanzen zu überwuchern.

Wandelröschen haben ihren Namen von der besonderen Färbung der Blüten. Neue Sorten setzen keine Samen an, daher blühen sie intensiver.

Tipp

Gerade bei Balkonen in großen Wohnanlagen haben sich die bunten Bepflanzungen durchgesetzt. Sie wirken niemals als Fremdkörper, sondern zeigen Teamgeist in der Vielfalt.

Bunter geht's nicht – im Detail

Pelargonie aufrechtwachsend

(*Pelargonium* (Zonale Grp.) 'Survivor Salmon')

Blütezeit: April bis Oktober.
Standort: Sonne; verträgt auch Schatten, blüht dann aber weniger.
Überwinterung: möglich und sinnvoll.
Wuchshöhe: bis 40 cm.

Egal ob Sie 'Survivor Salmon', die 'Schöne Helena' oder eine andere rosafarbene Pelargonie (Geranie) in den Kasten pflanzen, alle sind verlässliche Balkonschönheiten. Es gibt so viele Sorten, dass der Überblick schwer fällt. Pelargonien kommen aus Südafrika, sind also die Trockenheit gewohnt – allerdings benötigen die neuen Züchtungen alle eine humusreiche, gleichmäßig feuchte und gut gedüngte Erde. Plötzlich welk werdende Pflanzen sind an der Pelargonienwelke erkrankt und müssen sofort entfernt werden.

Petunie

(*Petunia* 'Sylvana Evita')

Blütezeit: Mai bis September.
Standort: sonnig bis halbschattig.
Überwinterung: nicht möglich.
Wuchshöhe: die Triebe erreichen Längen von bis zu 70 cm und mehr.

Die „Königsglocke", eine Petuniensorte, die unter dem Namen 'Sylvana Evita' erhältlich ist, zeichnet sich durch konstantes Blühen aus und ist besonders resistent gegen Pilzerkrankungen.
In manchen Jahren setzt sie Samen an, die aber durch ihre Wuchskraft kein Problem darstellen. Sie blüht dennoch kräftig weiter. Sind Triebe schwachwüchsigeren Pflanzen im Weg, dann kann man sie ohne Problem zurückschneiden.

Pelargonien kommen fast alle aus Südafrika. Daher benötigen sie nicht nur viel Sonne, sondern – so wie in ihrer Heimat – zum Überwintern einen trockenen, hellen und kühlen Platz.

Pelargonie aufrechtwachsend

Petunie

Wandelröschen

Sommerefeu

Kartoffelblume

Schwarzäugige Susann

Wandelröschen

(*Lantana camara* 'Kolibri')

Blütezeit: Mai bis Oktober.
Standort: sonnig.
Überwinterung: kühl (bis 10 Grad) und hell, verliert meist das gesamte Laub. Daher nicht zu feucht halten.
Wuchshöhe: 50 cm (als Balkonpflanze), bis 2 m (als Kübelpflanze).

Eine Blüte – viele Farben. Orange bis gelb gefärbt ist eine einzige Blüte dieser Pflanze. 'Kolibri' wächst kompakt und ist daher ideal für den Balkonkasten. Kauft man noch nicht blühende Pflanzen, dann lohnt sich das Entspitzen (Abzwicken der Haupttriebe), damit sich das Wandelröschen schön buschig entwickelt. Der Pflegeaufwand ist gering. Gießen, wöchentlich düngen oder Dauerdünger – das ist's.

Sommerefeu

(*Mikania scandens* 'Variegata')

Blütezeit: keine – Blattpflanze.
Standort: sonnig bis schattig.
Überwinterung: Stecklinge lassen sich leicht in kühlen (bis 15 Grad), hellen Räumen überwintern.
Wuchshöhe: Triebe bis zu 1,50 m sind keine Seltenheit!

Die schnellwüchsige Strukturpflanze *Mikania* ist vielseitig verwendbar und wächst sehr schnell. Doch sollte man, ähnlich wie bei der Goldmarie, darauf achten, nicht mehr als eine Pflanze pro Kasten zu setzen. Die Wuchsform ist ideal: Sommerefeu wächst sofort nach unten, behindert also keine anderen Pflanzen. Sommerefeu braucht auf Grund des enormen Wachstums viel Dünger und reichlich Wasser. Er wächst sowohl in der Sonne als auch im Schatten, dort allerdings weniger stark.

Kartoffelblume

(*Solanum jasminoides*)

Blütezeit: Mai bis Oktober.
Standort: sonnig.
Überwinterung: Kühl (bis 10 Grad) und hell, nicht zu feucht halten.
Wuchshöhe: 30 bis 50 cm als Balkonblume, bis zu 1 m und mehr als gezogene Kübelpflanze.

Die Kartoffelblume mit ihren weißen Blütentrauben wird eigentlich noch viel zu selten verwendet, denn sie sieht im Balkonkasten sehr schön aus. Die anspruchslose Pflanze blüht einen ganzen Balkonsommer lang, wenn sie ausreichend gedüngt und gegossen wird.

Tipp *für Experten*

Kartoffelblumen lassen sich ganz leicht in einem sehr kühlen, ja sogar dunklen Kellerraum überwintern. Sie verlieren zwar das Laub, treiben aber im Frühjahr verlässlich aus. Wichtig ist, dass die Temperatur nicht über 10 Grad steigt und dass im Winter nicht zu viel gegossen wird. Trockenheit schadet im Winter weniger als Staunässe.

Schwarzäugige Susanne

(*Thunbergia* 'Apricot')

Blütezeit: Mai bis Oktober. Standort: sonnig, benötigt viel Dünger und Wasser.
Überwinterung: nicht sinnvoll.
Wuchshöhe: durchwächst alle Balkonblumen, Schlingpflanze.

Wer schon einmal eine Schwarzäugige Susanne aus Samen gezogen hat, der wird von ihrem leuchtenden Gelb mit dem schwarzen Auge begeistert gewesen sein. Die neue stecklingsvermehrte Sorte 'Apricot' ist auf zweifache Art eine Bereicherung: erstens durch die neue ansprechende Farbe und zweitens durch die Tatsache, dass sie besonders stark wächst, größere Blüten bildet und keine Samen ansetzt. Dadurch wird sie zum Dauerblüher bis in den Herbst. Besonders eindrucksvoll ist es, wie die Pflanze die Balkonkästen durchwächst und zwischen allen anderen Balkonpflanzen ihre Blüten öffnet.

Keine Schattenseite

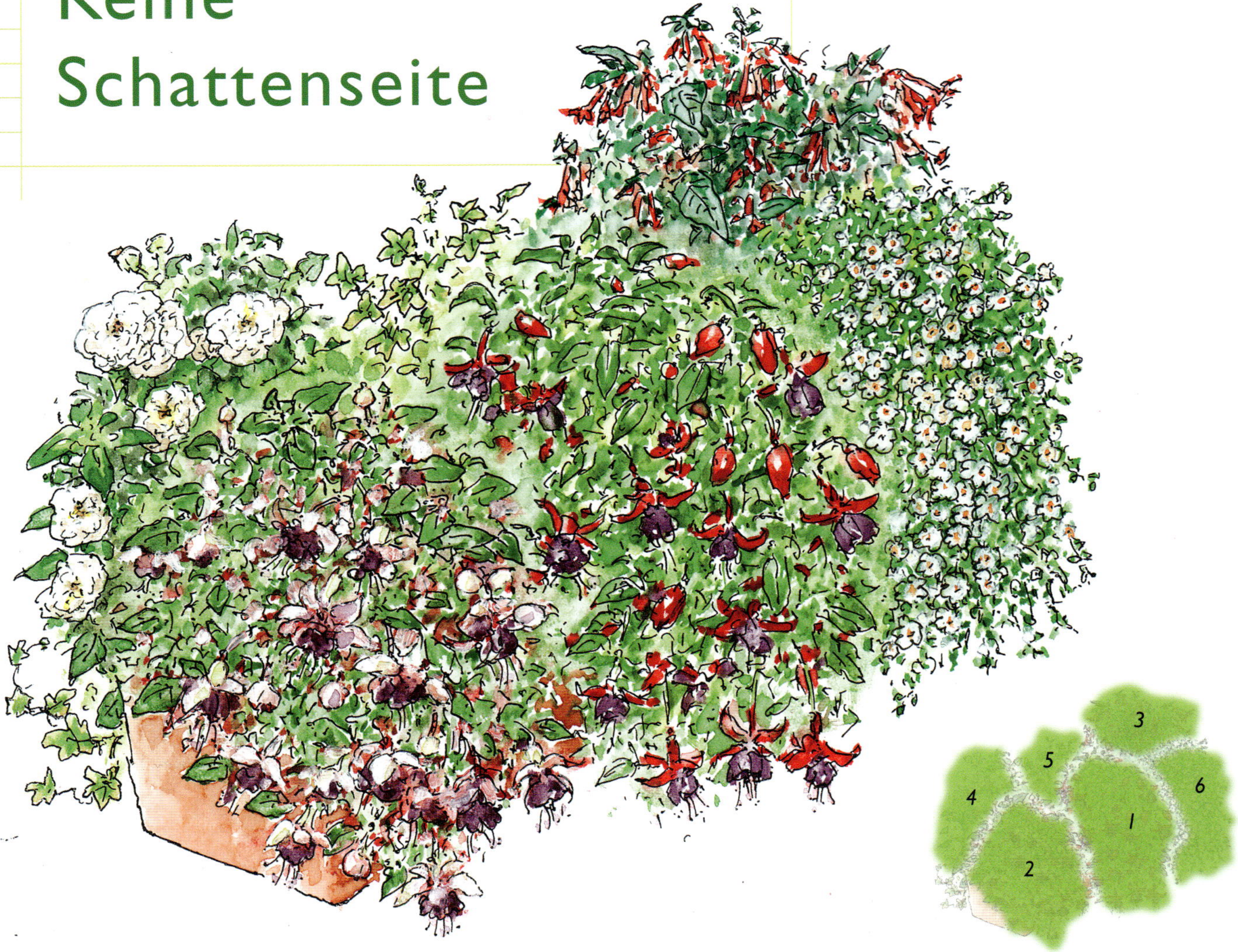

In der Natur gibt es keine Schattenseite. Die schönsten Plätze in einem gestalteten Garten liegen – auch wenn es so mancher Newcomer nicht glaubt – im Schatten. Warum sollte da der Balkon oder das Fenster zurückstehen? Also gilt auch hier wieder: Mut zeigen und auch an der Nordseite oder im Schatten eines großen Hausbaums eine Blumendekoration anbringen. Solche Blumenkästen haben einen ganz großen Vorteil: Sie verzeihen sogar ein paar Tage Abwesenheit, denn der Wasserbedarf – selbst im Hochsommer – ist hier viel geringer als an der Sonnenseite des Hauses.

Die Pflanzen für einen Balkonkasten „Keine Schattenseite" (Länge 100 cm)

1 Hänge-Fuchsie (Fuchsia 'Red Spider'), 1 Stk.
2 Halbhängende Fuchsie (Fuchsia 'Pink Ballett Girl'), 1 Stk.
3 Fuchsie stehend (Fuchsia (Triphylla Grp.) 'Koralle'), 1 Stk.
4 Fleißiges Lieschen (Impatiens walleriana), 1 Stk.
5 Efeu (Hedera helix 'Goldchild'), 1 Stk.
6 Schneeflockenblume (Sutera cordata 'Taifun Megawhite'), 1 Stk.

PFLANZPLAN

für einen Balkonkasten „Keine Schattenseite“

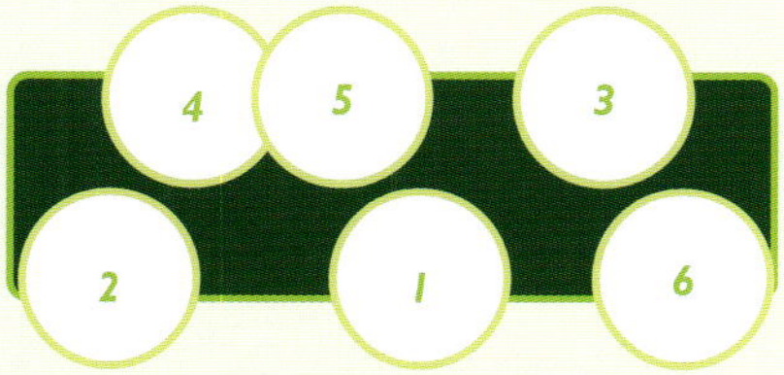

1. **Hänge-Fuchsie (Fuchsia ‘Red Spider’) – rot**

2. **Halbhängende Fuchsie (Fuchsia ‘Pink Ballett Girl’) – rosa**

3. **Fuchsie stehend (Fuchsia (Triphylla Grp.)‘Koralle’) – korallenrot**
   Fuchsien können die Sammelleidenschaft entfachen. Sie lieben gleichmäßige Feuchtigkeit, regelmäßiges Düngen und konsequentes Ausputzen.

4. **Fleißiges Lieschen (Impatiens walleriana) – weiß**
   Fleißige Lieschen blühen zuerst sehr zaghaft, später aber bilden sie ein Blütenmeer. Ein regengeschützter Standort ist ideal, aber auch im Regen können sie sich behaupten.

5. **Efeu (Hedera helix ‘Goldchild’) – grün/gelb**
   Wie viele Efeu-Sorten es gibt, kann niemand sagen – es sind einige tausend. Für den sommerlichen Blumenkasten kann man im Prinzip jede Sorte wählen.

6. **Schneeflockenblume (Sutera cordata ‘Taifun Megawhite’) – weiß**
   Die Schneeflockenblume liebt einen halbschattigen Platz, verträgt aber auch Sonne. Allerdings darf dann die Erde niemals austrocknen – das führt zu großen Schäden, ja sogar zum Absterben der Pflanze.

Beachten Sie unbedingt den Standort für Fuchsien. Ein knallheißer Platz ist absolut ungeeignet – dann leidet die Pflanze oft unter Spinnmilbenbefall und blüht fast nicht.

Fuchsien leiden stark, wenn die Erde austrocknet. Daher haben sich hier Bewässerungsanlagen besonders bewährt.

Tipp

Ein Überdüngen – vor allem mit Stickstoff (Grünpflanzendünger) – ist bei Fuchsien noch viel problematischer als bei anderen Pflanzen. Die Blätter werden zwar dunkelgrün, sind aber dick und fleischig, und die Blühfreudigkeit lässt nach.

Keine Schattenseite – im Detail

Hänge-Fuchsie
(*Fuchsia* 'Red Spider')

Wuchshöhe: Triebe bis zu 40 cm und mehr.

Halbhängende Fuchsie
(*Fuchsia* 'Pink Ballett Girl')

Wuchshöhe: bis zu 30 cm.

Tipp

Fuchsien lassen sich relativ leicht überwintern, wenn man nur den richtigen Standort hat. Ein sehr kühler (4–8 Grad) Raum, der auch absolut dunkel sein kann, ist ideal. Vor dem Einräumen werden die Fuchsie zurückgeschnitten, während des Winters werden sie ganz wenig gegossen. Im Frühjahr dann in die Wärme holen und zuerst antreiben lassen. Zeigen sich die ersten kleinen Blätter, umtopfen und wieder einige Tage warten. Setzt das Wachstum wieder ein, werden die Pflanzen zurückgeschnitten. Erfolgen Rückschnitt und Umtopfen gleichzeitig, können die Pflanzen absterben.

Fuchsie stehend
(*Fuchsia* (Triphylla Grp.) 'Koralle')

Blütezeit: Juni bis September.
Standort: halbschattig.
Überwinterung: siehe Tipp!
Wuchshöhe: bis zu 50 cm.

Fuchsien sind eine Sucht! So treffend hat es eine Fuchsien-Liebhaberin umschrieben – und Nachschub gibt es genug: Alljährlich sind zahlreiche Neuzüchtungen im Handel erhältlich. Und so sind die oben genannten Sorten zwar erprobt und bewährt, aber genauso könnte man Hunderte andere nehmen.
Fuchsien lieben gleichmäßige Feuchtigkeit und regelmäßiges Düngen. Ein Überdüngen hat ein Nachlassen beim Blühen zur Folge. Eine Vorliebe aber haben diese Balkonblumen: Sie wollen konsequent ausgeputzt werden, denn setzen sie einmal Früchte an, hören sie sofort auf zu blühen.
Schädlinge treten manchmal auf – vor allem Blattläuse und die Weiße Fliege können lästig werden. Daher rechtzeitig bekämpfen.
An sehr lufttrockenen Standorten sind auch Spinnmilben ab und zu ein Problem.

Hänge-Fuchsie

Halbhängende Fuchsie

Fuchsie stehend

Fleißiges Lieschen

Efeu

Schneeflockenblume

Fleißiges Lieschen
(*Impatiens walleriana*)

Blütezeit: Mai bis Oktober.
Standort: sonnig bis halbschattig.
Überwinterung: nicht möglich
Wuchshöhe: bis zu 30 cm.

Dass sie etwas zaghaft zu blühen beginnen, machen die „Fleißigen Lieschen" später mit einem wahren Blütenmeer wett. An regenreichen Standorten blühen sie nicht ganz so üppig, ein vor Regen geschützter Platz wäre deshalb ideal. Neue Sorten gedeihen auch prächtig in der Sonne. Großer Vorteil bei diesen Pflanzen: Sie „putzen" sich selbst, man muss also nichts Abgeblühtes entfernen.

Schneeflockenblume
(*Sutera cordata* 'Taifun Megawhite')

Blütezeit: Juni bis September. Standort: sonnig bis halbschattig.
Überwinterung: nicht möglich. Wuchshöhe: bis zu 30 cm.

Als *Bacopa* ist diese robuste und genügsame Pflanze lange Zeit im Handel gewesen – bis sie den treffenden Namen „Schneeflockenblume" erhielt. Ein halbschattiger Platz ist ideal. Sie verträgt aber auch etwas mehr Sonne. Achtung!
Die Erde darf niemals austrocknen, das kann große Schäden verursachen. Im schlimmsten Fall kann die ganzen Pflanze absterben.

Ansonsten stellt sie kaum Ansprüche: gleichmäßige Feuchtigkeit und regelmäßig Dünger. An Schädlingen treten manchmal Blattläuse und in trockenen Jahren auch Weiße Fliegen auf, die sich explosionsartig vermehren können.

Große Kübelpflanzen wie Phönixpalmen wirken im Wurzelbereich oft kahl. Hier hat sich ein Unterpflanzen mit Einjährigen bewährt. Besonders schön sehen weiße Fleißige Lieschen aus; sie hellen den eher dunkleren Bereich rund um den Topf auf.

Efeu
(*Hedera helix* 'Goldchild')

Blütezeit: keine – Blattpflanze. Standort: sonnig, halbschattig, schattig.
Überwinterung: leicht – im Blumentopf auf der Fensterbank.
Wuchshöhe: bis zu 70 cm und mehr.

Für das Sommer-Balkonkistchen können Sie eigentlich jede der Tausende Efeusorten wählen – das weiß-grün gezeichnete Laub ist im Schatten besonders attraktiv. Efeu benötigt regelmäßig Wasser und etwas Dünger. Durch Rückschnitt verzweigt er sich schön.
Überwintern ist ganz leicht:
Aus dem Kasten nehmen, in einen Blumentopf setzen und auf die Fensterbank stellen. Im Zimmer auf Spinnmilben aufpassen – im Freien treten kaum Schädlinge auf.

Tipp

***Zwischen Schatten und Schatten ist ein Unterschied: Kommt die Sonne überhaupt nicht zum Balkon oder Fenster, dann haben selbst Fuchsien zu wenig Licht.
In diesem Fall eignen sich bloß Pflanzen wie Efeu, Farne oder auch Funkien.***

Kein Windjammer

Es gibt keinen schlechten Platz für Balkonblumen, es gibt nur die falschen Pflanzen. So schwierig es manchmal sein kein, die richtige Bepflanzung für einen dem Wetter ausgesetzten Balkon zu finden – diese „Westbalkone" sind meist die üppigsten. In der Abendsonne tanken die Pflanzen offenbar die meiste Energie, und so ist an vielen Häusern gerade an den Wind und Regen ausgesetzten Seiten herrlicher Blumenschmuck zu finden. Bis auf ganz wenige Ausnahmen halten fast alle Pflanzen den Ansturm des Windes aus, wenn sie gut ernährt und kompakt gehalten werden. Das erreicht man durch rechtzeitiges und gleichmäßiges Düngen. Auch sollten die Pflanzen ab und zu zurückgeschnitten werden – selbst wenn es für Blumenfreunde im ersten Moment schmerzhaft ist.

Die Pflanzen für einen Balkonkasten „Kein Windjammer" (Länge 100 cm)

1 Hänge-Pelargonie (Pelargonium (Peltatum Grp.) 'Ville de Paris'), 1 Stk.
2 Hänge-Pelargonie (Pelargonium (Peltatum Grp.) 'Ville de Dresden'), 1 Stk.
3 Japanische Hänge-Petunie (Petunia 'Surfinia Vanilla'®), 1 Stk.
4 Goldmarie – Gold-Zweizahn (Bidens ferulifolia 'Mega Sun'), 1 Stk.
5 Kapkörbchen – Kapringelblume (Osteospermum ecklonis 'Lemon Symphony'), 1 Stk.

PFLANZPLAN

für einen Balkonkasten „Kein Windjammer“

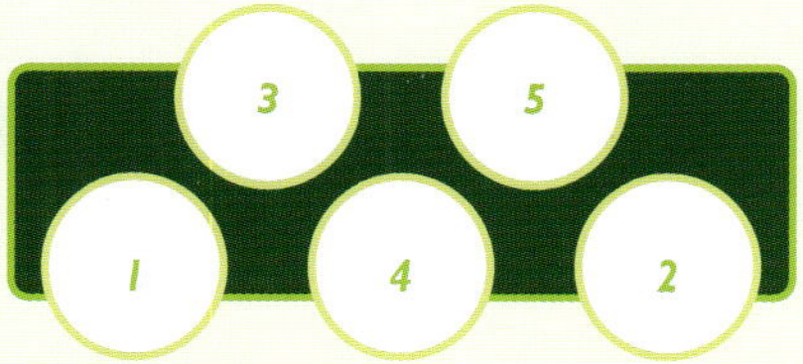

1 **Hänge-Pelargonie (Pelargonium (Peltatum Grp.) 'Ville de Paris') – rot**

2 **Hängepelargonie (Pelargonium (Peltatum Grp.) 'Ville de Dresden') – weiß**
Die Cascade-Pelargonien gehören zu den erfolgreichsten Balkonblumen aller Zeiten. Ihre enorme Wuchskraft, ihre Robustheit und auch die Widerstandskraft gegen Wind und Regen machen sie zu Topstars.

3 **Japanische Hänge-Petunie (Petunia Surfinia 'Vanilla'®) – gelb/weiß**
Wie alle anderen Surfinien und Petunien ist 'Vanilla' eine Meisterin im Wachstum: Innerhalb weniger Wochen hat sie eine Länge von einem Meter erreicht.

4 **Goldmarie – Gold-Zweizahn (Bidens ferulifolia 'Peter Goldteppich') – gelb**
Goldmarie ist eine der kräftigsten Beet- und Balkonpflanzen. Wasser, Dünger und ein sonniger Standort – schon beginnt das große Blühen.

5 **Kapkörbchen – Kapringelblume (Osteospermum ecklonis 'Lemon Symphony') – gelb**
Diese Kapringelblume hat beinahe die Farbe der echten Ringelblume – ist aber mit ihr überhaupt nicht verwandt. Wichtig ist der sonnige Standort, da sich die Blüten nur bei voller Sonne öffnen.

Hat ein Sommergewitter die Pflanzen zerzaust, dann nicht verzagen: Alle geknickten Äste abschneiden und abgebrochene Blätter und Blüten aus dem Kasten entfernen. So ist die Gefahr von Krankheiten gebannt, und die Pflanzen treiben rasch durch.

Bricht einmal ein Ast ab, dann nicht traurig sein. Passiert so etwas bis Mitte August, gleich die Wuchskraft der Pflanzen das durch zahlreiche Nebentriebe gleich wieder aus.

Tipp

Für Gartenbesitzer hat das Kapkörbchen zwei große Vorteile: Als Beetpflanze deckt es rasch große Flächen ab, und Schnecken lassen es links liegen!

Kein Windjammer – im Detail

Hänge-Pelargonie

(*Pelargonium* (Peltatum Grp.) 'Ville de Paris')

Tipp

Beim Einpflanzen von Hänge-Pelargonien sollte man die Pflanzen gleich so setzen, dass sie leicht schräg im Kasten sitzen. Das fördert das Wachstum nach unten. Außerdem ist die Gefahr geringer, dass Triebe, die zuerst nach oben wachsen und nun durch das Gewicht nach unten gedrückt werden, abbrechen.

Hänge-Pelargonie

(*Pelargonium* (Peltatum Grp.) 'Ville de Dresden')

Blütezeit: Ende April bis September. Standort: sonnig.
Überwinterung: möglich. Wuchshöhe: bis zu 1 m lange Triebe.

Die erfolgreichste Gruppe unter den Balkonpflanzen sind sicherlich die Hänge-Pelargonien. Das Geheimnis ihrer Beliebtheit: große Wuchskraft und ihre robusten Eigenschaften, unter anderem die Widerstandsfähigkeit gegen Wind und Regen. Hänge-Pelargonien sollten im Frühjahr häufig entspitzt werden (macht meist schon der Gärtner), damit sie sich kräftig verzweigen. Besonders angenehm für „intelligente Faule“ ist diese Pelargonie, weil sie sich selbst ausputzt. Das heißt: Die abgeblühten Blüten vertrocknen und fallen ab. Ein vollsonniger Standort wird geliebt; ist er halbschattig, können die Hängegeranien, wie sie auch genannt werden, damit auch leben. Allerdings ist die Blühfreude dann nicht so groß. Wie alle Pelargonien vertragen sie keine Staunässe – vor allem im Frühjahr nach dem Auspflanzen nur mäßig gießen. Später gleichmäßig feucht halten und kräftig düngen.

Hänge-Pelargonie

Hänge-Pelargonie

Japanische Hänge-Petunie

Goldmarie – Gold-Zweizahn

Kapkörbchen – Kapringelblume

Japanische Hänge-Petunie

(*Petunia* 'Surfinia Vanilla'®)

Blütezeit: Ende April bis September.
Standort: sonnig.
Überwinterung: nicht möglich.
Wuchshöhe: bis zu 1 m lange Triebe.

Die Sorte 'Vanilla' ist wie alle anderen Surfinien und Petunien unglaublich schnellwachsend. Ein Meter Wuchslänge ist dabei schon nach wenigen Wochen möglich. Deshalb ist es wichtig, dass sie gut gedüngt wird. Idealerweise verwendet man einen speziellen Surfinien-Dünger. Chlorose, also gelbe Blätter, sollte man rasch mit Eisendünger bekämpfen. Mehltau im Spätsommer ist oft ein Zeichen für Nährstoffmangel. Daher ausreichende Nährstoffversorgung sicherstellen.

Goldmarie – Gold-Zweizahn

(*Bidens ferulifolia* 'Mega Sun')

Blütezeit: Mai bis Oktober.
Standort: sonnig.
Überwinterung: möglich, aber nicht sinnvoll.
Wuchshöhe: bis zu 80 cm lange Triebe.

Die Goldmarie, ursprünglich in Mexiko zu Hause, galt vor einigen Jahren als Renner, weil endlich die von allen gewünschte gelbblühende und wuchskräftige Balkonpflanze gefunden war. Die Wuchskraft war aber zu gewaltig und so mancher Balkonkasten nur noch von dieser Pflanze dominiert.
Die neue Sorte 'Mega Sun' wächst schwächer und sorgt dennoch für reiche Blüte. Ein Standort in der Sonne, Dünger und regelmäßig Wasser – und schon beginnt das leuchtend gelbe Blühen.
Selten können Schädlinge auftreten (Miniermotte, Weiße Fliege).
Wer befallene Triebe abschneidet, hat meist schon genug getan.
Die Pflanze erholt sich rasch.

Kapkörbchen – Kapringelblume

(*Osteospermum ecklonis* 'Lemon Symphony')

Blütezeit: Mai bis Oktober.
Standort: sonnig – bei extremer Hitze lässt die Blüte nach.
Überwinterung: nicht sinnvoll.
Wuchshöhe: bis zu 30 cm.

Ein shooting star unter den Balkon- und Beetpflanzen. Die neuesten Züchtungen wachsen kompakt und blühen unermüdlich. Regelmäßiges Ausputzen von Verblühtem fördert die Nachblüte – ist aber nicht unbedingt notwendig. Ein sonniger Standort ist sehr wichtig, denn die Blüten öffnen sich nur bei voller Sonne.

Frühling auf dem Balkon

Keine Jahreszeit wird von den Menschen so herbeigesehnt wie der Frühling. Zuerst freuen wir uns natürlich über den Schnee, die Kälte und die langen Winterabende. Doch irgendwann kommt die offenbar angeborene Sehnsucht nach Wärme, Wiedererwachen und Wachstum. Da kommt ein solcher Blumenkasten mit Frühlingsblühern gerade recht – selbst für Spätentschlossene, denn alle diese Pflanzen werden heute vorkultiviert angeboten und können direkt gepflanzt werden. Wer besonders geschickt ist, wählt Pflanzen, die noch nicht aufgeblüht sind – so bleibt die Blütenfülle viel länger erhalten.

Die Pflanzen für einen Balkonkasten „Frühling auf dem Balkon" (Länge 100 cm)

1 Gefülltes Gänseblümchen (Bellis perennis), 1 Stk.
2 Horn-Veilchen (Viola (Cornuta Grp.) 'Butterpat' und viele andere Sorten), 1 Stk.
3 Topf-Narzisse (Narcissus 'Tête à Tête'), 2 Stk.
4 Hyazinthe (Hyacinthus orientalis), 2 Stk.
5 Kleiner Krokus (Crocus chrysanthus), 2 Stk.
6 Efeu (Hedera helix), 1 Stk.
7 Vergissmeinnicht (Myosotis sylvatica), 1 Stk.

PFLANZPLAN

für einen Balkonkasten „Frühling auf dem Balkon“

1 **Gefülltes Gänseblümchen (Bellis perennis) – weiß/rosa**
Gibt es etwas Typischeres für unbekümmertes Blühen als Gänseblümchen? Diese Zuchtformen haben besonders große Blüten, erinnern aber doch an die kleinen Frühlingsboten im Rasen.

2 **Horn-Veilchen (Viola (Cornuta Grp.) ‘Butterpat’ und viele andere Sorten) – gelb**
Stiefmütterchen in neuem Kleid. Diese Horn-Veilchen blühen besonders lang und kehren teilweise im Garten sogar jedes Jahr wieder.

3 **Topf-Narzisse (Narcissus ‘Tête à Tête’) – gelb**
Sie ist die bekannteste und am häufigsten kultivierte Narzisse. Kein Spätwinter ohne Millionen von Topf-Narzissen. Ein Fixstarter.

4 **Hyazinthe (Hyacinthus orientalis) – blau**
Schon der Name lässt die Duftwolken erahnen. Im Zimmer ist der Geruch zu intensiv, aber auf dem Balkon gibt er den Startschuss ins neue Blütenjahr.

5 **Kleiner Krokus (Crocus chrysanthus) – weiß, gelb**
Sie öffnen schon die Blüten, da liegt noch Schnee. Auch wenn es noch so kalt ist, kommen die kleinen Frühlingsboten aus der Erde und tauen sich sogar den Schnee rundherum weg.

6 **Efeu (Hedera helix) – grün oder buntlaubig**
Fühlt sich der Efeu wohl, dann ist er ein Begleiter für viele Jahre. Er kann auch im Garten weitergezogen werden.

7 **Vergissmeinnicht (Myosotis sylvatica) – blau**
Wenn die blauen Teppiche unter Obstbäumen zu sehen sind, ist der Mai da. Vorgezogen blühen sie im Blumenkasten schon ab Anfang April.

Tipp

Lassen Sie die eine oder andere Zwiebelpflanze (zum Beispiel die Topfnarzisse) im Topf – so können Sie die abgeblühte Pflanze leicht entfernen und erneuern.

Die Erde ist für die Frühlingsblüher nicht so wichtig. Ganz Faule nehmen das Substrat vom Sommerkasten des Vorjahres. Gut gießen, lockern, und schon können die vorgetriebenen Blumenzwiebeln gepflanzt werden.

Blumenzwiebeln sind Pflanzen für die Ewigkeit – fühlen sie sich wohl, dann kommen sie Jahr für Jahr. Allerdings nicht im Blumenkasten. Deshalb werden diese Boten des Frühlings vom Balkon in den Garten gepflanzt, wo sie Jahr für Jahr blühen. Wenn nicht im ersten, dann spätestens im zweiten oder dritten Frühling.

Frühling auf dem Balkon – im Detail

Gefülltes Gänseblümchen

(*Bellis perennis*)

Blütezeit: Ende Februar bis Ende Mai.
Standort: sonnig bis halbschattig.
Überwinterung: nicht mehrjährig.
Wuchshöhe: 10 bis 15 cm.

Mit den kleinen Gänseblümchen, die im Rasen ganz charmant vom nahenden Frühjahr künden, haben diese „dicken" Großcousinen mehr gemeinsam, als man denkt. Diese „Zier-Gänseblümchen" sind in jahrzehntelanger Züchterarbeit entstanden und genau so robust wie die kleinen.

Horn-Veilchen

(*Viola* (Cornuta Grp.) 'Butterpat' und viele andere Sorten)

Blütezeit: April bis September.
Standort: sonnig (mit kürzerer Blütezeit – vor allem im Sommer) oder halbschattig (mit Blüten bis in den Herbst).
Überwinterung: im Kasten nicht mehrjährig.
Wuchshöhe: 10 bis 15 cm.

Horn-Veilchen lieben die Frühjahrssonne, vertragen aber weder Trockenheit noch große Hitze. Bei strengen Frösten werden die Pflanzen mit Nadelreisig oder Vlies geschützt. Wer Glück hat, findet in den Jahren danach in Pflasterritzen einige Sämlinge.

Topf-Narzisse

(*Narcissus* 'Tête à Tête')

Blütezeit: vorgetrieben ab Januar, im Freien ab März bis Mai.
Standort: sonnig, halbschattig – verträgt sogar vollen Schatten.
Überwinterung: nur im Garten ausgepflanzt mehrjährig.
Wuchshöhe: 15 bis 20 cm.

Diese Narzisse gehört mittlerweile im Frühjahr zum Standard-Sortiment der Gärtnereien. Millionen von Pflanzen werden kultiviert und überbrücken die Wartezeit auf den Frühling. Falsch kann man eigentlich nichts machen – außer man lässt die vorgetriebenen Zwiebeln austrocknen oder setzt sie extremem Frost aus. Nach dem Abblühen können die Zwiebeln (mit dem Laub!) in den Garten gepflanzt werden.

Gefülltes Gänseblümchen

Topf-Narzisse

Horn-Veilchen

Hyazinthe

Kleiner Krokus

Efeu

Vergissmeinnicht

Hyazinthe

(*Hyacinthus orientalis*)

Blütezeit: vorgetrieben ab Januar, im Freien März bis April.
Standort: sonnig oder leichter Schatten. Überwinterung: nur im Garten ausgepflanzt mehrjährig. Wuchshöhe: 20 bis 30 cm.

Manchen sind die Blütenrispen fast schon zu perfekt, doch in Kombination mit anderen wirken sie nicht so streng. Ihr Duft ist auf dem Balkon eine Wonne. Vorgetriebene Hyazinthen, die teilweise schon Blüten zeigen, vertragen kaum Frost, im Garten oder Kasten gewachsene sind dagegen sehr robust. Damit die Zwiebel keinen Schaden erleidet, sollte man den Blumenkasten bei sehr niedrigen Temperaturen (etwa ab minus 10 Grad) in Polsterfolie wickeln. Früher zog man Hyazinthen auf bauchigen Gläsern zwischen Doppelfenstern. Diese Methode der Zwiebeltreiberei kommt nun wieder in Mode. Die Gläser sind in zahlreichen Formen und Farben erhältlich. Zwiebelblumen, die im Zimmer getrieben werden, müssen aber speziell vorbehandelt sein. Nehmen Sie Gartenzwiebeln, dann fehlt den Blumen die Kälteperiode, ohne die sie nicht blühen können.

Efeu gilt als absolut frostfest – allerdings kann er bei sehr starkem und lang anhaltendem Frost vertrocknen. Daher immer wieder bei Temperaturen über null Grad gießen.

Efeu

(*Hedera helix*)

Blütezeit: keine – Blattpflanze. Standort: halbschattig bis schattig, im Frühjahr auch sonnig. Überwinterung: absolut frostfest. Wuchshöhe: Hängepflanze.

Vom Efeu gibt es so viele verschiedene Sorten, dass die Auswahl schwer fällt. Im Schatten sollte man auf die buntlaubigen Sorten setzen, denn ihr Laub hat besonders hohen Zierwert. Zu beachten ist auch, dass es einige Efeusorten gibt, die nicht winterhart sind. Nach dem Abblühen des Balkonkastens kann man den Efeu entweder in den Garten setzen oder in einem Blumentopf weiterkultivieren.

Kleiner Krokus

(*Crocus chrysanthus*)

Blütezeit: vorgetrieben ab Januar, im Freien ab März bis April.
Standort: sonnig oder leichter Schatten.
Überwinterung: nur im Garten ausgepflanzt mehrjährig.
Wuchshöhe: 5 bis 10 cm.

Diese Mini-Krokusse haben Blüten, die fast wie aus Porzellan aussehen. Gerade die Farben Gelb und Weiß leuchten besonders hervor. Ob vorkultiviert oder selbst gezogen – diese Frühlingsboten enttäuschen nicht und blühen, wenn es nicht zu warm wird, einige Wochen lang. Oft sogar bereits, wenn noch Schnee liegt.

Vergissmeinnicht

(*Myosotis sylvatica*)

Blütezeit: April bis Mai. Standort: jeder.
Überwinterung: nicht mehrjährig, sät sich im Garten aus.
Wuchshöhe: 10 bis 15 cm.

Vergissmeinnicht findet man in jeder Blumenwiese, in jedem Bauerngarten – und im Frühlingsblumenkasten. Diese robusten Kleinen sind äußerst anspruchslos. Ob Sonne oder Schatten: Überall öffnen sie die Blüten. Meist in Blau, manchmal aber auch in Weiß oder Rosa. Vergissmeinnicht sind einjährig, säen sich aber bereitwillig aus.

Üppige Herbststimmung

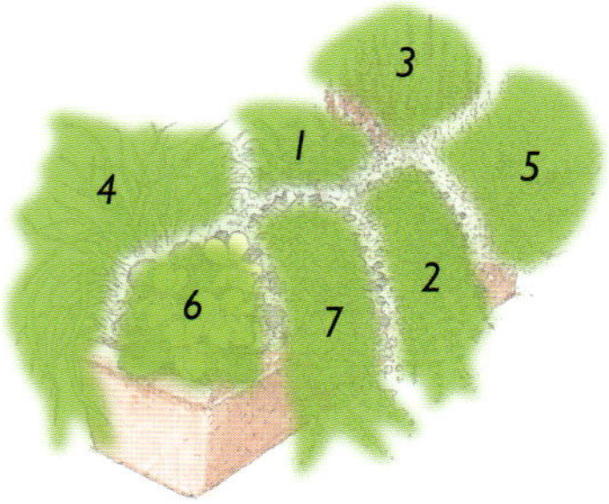

Es muss wirklich eine Frage des Alters sein: Als Kind habe ich – bis auf die Kastanien„ernte“ und das Blättersammeln – den Herbst gehasst. Die schönen Sonnentage sind für die Kleinen doch lustiger. Aber nun ist alles anders. Wenn der Nebel zum Besucher auf Balkon, Terrasse oder im Garten wird, dann kehrt eine ganz eigenartige Ruhe ein. Die warmen Farbtöne der Blätter, die Spinnennetze, die mit Tau bedeckt sind, sie alle zeigen ein Festkleid vor dem Untergang. Die Herbststimmung auf dem Balkon übernimmt diese Atmosphäre. Mit Pflanzen, die teilweise auch Frost vertragen, bleibt ein solcher Kasten nicht bloß eine Augenweide für ein paar Wochen, sondern oft bis Ende November attraktiv.

Die Pflanzen für einen Balkonkasten „Üppige Herbststimmung“ (Länge 100 cm)

1 Echter Salbei (Salvia officinalis 'Tricolor'), 1 Stk.
2 Gold-Pfennigkraut (Lysimachia nummularia 'Goldilocks'), 1 Stk.
3 Besenheide (Calluna vulgaris 'Gardengirl'), 1 Stk.
4 Segge (Carex brunnea 'Lady Sunshine'), 1 Stk.
5 Stacheldraht (Leucophyta brownii 'Silver King'), 1 Stk.
6 Horn-Veilchen (Viola (Cornuta Grp.) 'Lemon Yellow'), 1 Stk.
7 Efeu (Hedera helix 'Goldchild'), 1 Stk.

PFLANZPLAN

für einen Balkonkasten „Üppige Herbststimmung“

1 **Echter Salbei (Salvia officinalis ‘Tricolor’) – dreifarbig**
Der Gast aus dem Süden in einem dreifarbigen Kleid. Der Salbei liebt die Sonne und schmückt sich normalerweise im Juli mit Blüten. Aber allein schon die Blätter sind für den Herbst eine Zierde.

2 **Gold-Pfennigkraut (Lysimachia nummularia ‘Goldilocks’) – gelb**
Ein wüchsiger Bodendecker, der normalerweise am Teichrand wächst. Die hellgelben Blätter sind aber ideale Aufheller im Herbstkasten.

3 **Besenheide (Calluna vulgaris ‘Gardengirl’) – weiß, rot, lila**
Farbtupfer der besonderen Art sind die ‘Gardengirls’. Diese Knospenblüher sorgen wochenlang für Farbe – selbst an grauen Herbsttagen.

4 **Segge (Carex brunnea ‘Lady Sunshine’) – weiß/grün**
Gräser sind das Haar der Erde. Im Herbst richten sich die Blicke auf diese herrlichen Gewächse. Selbst wenn sie im Winter vertrocknen, sehen sich noch attraktiv aus.

5 **Stacheldraht (Leucophyta brownii ‘Silver King’)**
An sich ist diese eigenartige Pflanze nicht winterhart, aber auch wenn sie längst abgefroren ist, wirkt sie noch. Wer sie retten will: Sie hält nur bis plus vier Grad aus.

6 **Horn-Veilchen (Viola (Cornuta Grp.) cornuta ‘Lemon Yellow’) – gelb**
Stiefmütterchen sind Gegner der Herbst-Depression: Auch die Schwestern Horn-Veilchen leuchten in vielen fröhlichen Farben mit „kleinen Gesichtern“. Ein Aufgehen der Samen im Folgejahr an unerwarteten Stellen ist gut möglich.

7 **Efeu (Hedera helix ‘Goldchild’) – gelb/grün**
Ein Muss für jeden Herbstkasten: Dieser buntlaubige Efeu ist ein Blickpunkt – für viele Wochen. Ob er strengen Frösten widersteht, lässt sich kaum vorhersehen. Meist ist er zuvor im Gewächshaus verwöhnt worden.

Viele der im Herbst dekorativ aussehenden Gewächse sind über Wochen schön, wenn die Erde feucht gehalten wird. Die meisten Pflanzen erfrieren nicht, sondern vertrocknen im Winter.

Sieht ein Herbstkasten einmal nicht mehr so schön aus, dann genügt es oft, einige Föhren-, Tannen- oder auch Mistelzweige in die Erde zu stecken.

Nicht der ganze Balkon wird herbstlich dekoriert, sondern bloß eine Ecke bei der Terrassentür (wo man vom Zimmer aus hinsehen kann) oder auch beim Hauseingang.

Üppige Herbststimmung – im Detail

Echter Salbei

(*Salvia officinalis* 'Tricolor')

Blütezeit: Juni/Juli.
Standort: möglichst sonnig, trocken.
Überwinterung: sehr robust – nicht austrocknen lassen.
Wuchshöhe: 20 bis 25 cm und höher.

Salbei pflanzt man normalerweise im Frühjahr – dann ist sichergestellt, dass er weiterwächst. Für den Herbstkasten machen wir eine Ausnahme. Dieser dreifarbige Salbei ist eine attraktive Bereicherung und kann – falls Notwenigkeit besteht – auch für einen Tee bei herbstlicher Heiserkeit verwendet werden.

Gold-Pfennigkraut

(*Lysimachia nummularia* 'Goldilocks')

Blütezeit: Juli/August.
Standort: halbschattig unter Bäumen.
Überwinterung: sehr robust, ausgepflanzt voll frostfest.
Wuchshöhe: 5 cm bis Hängepflanze im Kasten.

Ein idealer und sehr wüchsiger Bodendecker im Garten wird im Herbst zum Gast auf Balkon und Terrasse. Die hellgelben Blätter leuchten durch den Nebel und sind eine gute Möglichkeit, die Erde unter den anderen Pflanzen abzudecken.

Besenheide

(*Calluna vulgaris* 'Gardengirl')

Blütezeit: ab Oktober. Standort: normalerweise im Moorbeet in voller Sonne.
Überwinterung: problemlos im Freiland, im Kasten möglicherweise zu trocken.
Wuchshöhe: 15 bis 20 cm.

Wieder eines von den 'Gardengirls'. Eine Blüte wie ein Traum – für viele Wochen. Was da durch Zufall entdeckt wurde, ist erstaunlich. Diese Blüten, die sich nicht öffnen, damit nicht befruchtet werden und so länger halten, sind aus Hunderttausenden Pflanzen selektiert worden. Nun werden sie durch Stecklinge vermehrt, denn ohne Blüte gibt's keine Samen.

Echter Salbei

Gold-Pfennigkraut

Besenheide

Segge

Horn-Veilchen

Stacheldraht

Efeu

Segge

(*Carex brunnea* 'Lady Sunshine')

Blütezeit: keine.
Standort: jeder.
Überwinterung: problemlos.
Wuchshöhe: 20 bis 25 cm.

Manche meinen auf den ersten Blick, sie sei eine Grünlilie – aber tatsächlich ist sie ein Gras, ein sehr robustes, das auch lange seine Farbe hält. Nur nicht ganz zu trocken sollte man sie halten, denn wie alle wintergrünen Pflanzen benötigt auch die Segge Wasser zum Leben. Aber selbst vertrocknet sieht es attraktiv aus.

Stacheldraht

(*Leucophyta brownii* 'Silver King')

Blütezeit: keine.
Standort: Stacheldraht ist an sich eine Gewächshauspflanze.
Überwinterung: nicht sinnvoll.
Wuchshöhe: 20 bis 25 cm.

Dieses eigenartige Gewächs, auch *Calocephalus* genannt, hätte keinen treffenderen Namen bekommen können. Es kommt aus Australien und ist nicht winterhart. Im Zimmer aber wäre es zu warm. Das kurze Gastspiel auf dem Balkon bringt allerdings eine erstaunliche Wirkung in einen solchen Herbstkasten.

Efeu

(*Hedera helix* 'Goldchild')

Blütezeit: keine – Blattpflanze.
Standort: im Herbst jeder, im Sommer nicht in der prallen Sonne.
Überwinterung: sehr frostfest, darf aber nicht austrocknen.
Wuchshöhe: Hängepflanze.

Winterharten Efeu gibt es in vielen Varianten, ja ganze Häuser verschwinden unter einem dicken Efeumantel. Diese Sorte zeichnet sich durch besonders attraktives Laub aus. Efeu liebt halbschattige Plätze mit etwas höherer Luftfeuchtigkeit. Ist es zu heiß und trocken, dann werden die Blätter sehr oft von Spinnmilben befallen. Ein kräftiger Rückschnitt reicht in den meisten Fällen aus, und der wuchskräftige Efeu treibt wieder durch.

Horn-Veilchen

(*Viola* (Cornuta Grp.) 'Lemon Yellow' und viele andere Sorten)

Blütezeit: April bis September. Standort: sonnig (mit kürzerer Blütezeit – vor allem im Sommer) oder halbschattig (mit Blüten bis in den Herbst). Überwinterung: im Kasten nicht mehrjährig. Wuchshöhe: 10 bis 15 cm.

Horn-Veilchen – die kleinen „Großen" sind echte Dauerblüher. Kaum kommt Sonne durch den Nebel, strecken sie schon ihre Blüten hervor. Am liebsten ist es ihnen, wenn die Erde leicht angefeuchtet ist. Zu nass oder zu trocken wäre schlecht. Kommen die ersten strengen Fröste (etwa minus 10 Grad), ist es sinnvoll, die Pflanzen mit einigen Reisigzweigen zu schützen – nicht der Kälte wegen, sondern wegen der Sonne am Morgen, die dann die Blätter vertrocknet. Ein lustiges Wiedersehen könnte es übrigens geben: Manche Horn-Veilchen säen sich selbst aus – vielleicht auf der Terrasse des „Unter"-Mieters?

Tipp

Efeu ist ein ganz besonderes Gewächs. Nicht nur die Vielfalt ist enorm – es gibt einige tausend Sorten –, sondern auch die Wuchsform: Im Gegensatz zu den meisten anderen Pflanzen suchen die Triebe die Dunkelheit und schmiegen sich an brüchigen Mauern in die Ritzen. Zerstört wird eine Mauer vom Efeu nicht – es sei denn sie ist schon kaputt und feucht; dann bildet er Wurzeln.

Winter ohne Langeweile

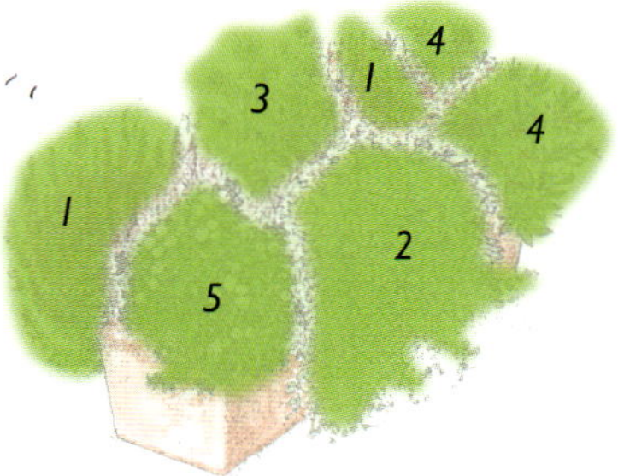

Garten und Winter passen eigentlich gar nicht so richtig zusammen – und dennoch gewinnt diese Jahreszeit zunehmend an Bedeutung. Wintergärten mit großen Glasflächen lassen einen nämlich die Stimmung im Garten hautnah spüren, ohne dass man sich dabei gleich Frostbeulen holt. Und genau so ist es auf vielen Terrassen und Balkonen. Durch die Fenster und Türen lässt sich das winterliche Treiben beobachten. Rund um die Weihnachtszeit werden diese Dekorationen noch mit kleinen elektrischen Lichterketten geschmückt – so entsteht oft mitten in der Stadt ein kleines „winter wonderland".

Die Pflanzen für einen Balkonkasten „Winter ohne Langeweile" (Länge 100 cm)

1 Besenheide (Calluna vulgaris 'Gardengirl'), 3 Stk.
2 Winterharter Efeu (Hedera helix), 2 Stk.
3 Zwerg-Kiefer (Pinus mugo subsp. pumilio), 1 Stk.
4 Skimmie (Skimmia japonica), 2 Stk.
5 Torfmyrte (Gaultheria mucronata 'Variegata'), 1 Stk.

PFLANZPLAN

für einen Balkonkasten „Winter ohne Langeweile“

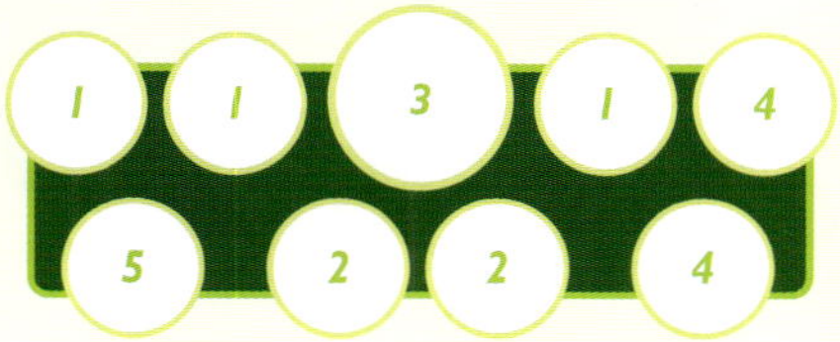

1 Besenheide (Calluna vulgaris 'Gardengirl') – rot
Knospenblüher nennt man diese Selektion, denn die Blüten öffnen sich nicht und sind so besonders lange haltbar.

2 Winterharter Efeu (Hedera helix) – grün
Ob Sie jetzt genau diesen Efeu auswählen oder einen der vielen anderen – Sie sollten nur darauf achten, dass es sich um einen winterharten handelt.

3 Zwerg-Kiefer (Pinus mugo subsp. pumilio)
Ein Kind der Berge könnte man diese Zwerg-Kiefer nennen. Sie wächst kompakt, ist äußerst robust und sehr dekorativ.

4 Skimmie (Skimmia japonica)
Kräftiges Laub und leuchtend rote Früchte, so kennt man die Skimmie. Dabei hat sie noch ein Geheimnis: duftende Blüten – allerdings erst im Frühjahr.

5 Torfmyrte (Gaultheria mucronata 'Variegata')
Nur die weiblichen Pflanzen setzen die roten, rosa oder weißen Beeren an. Normalerweise benötigt die Pflanze einen sauren Boden – im Kasten hält sie aber für einige Monate die normale Erde aus.

Gartenbesitzer können die winterharten Balkonpflanzen Besenheide, Skimmie und Torfmyrte auch an den Rand eines Moorbeetes pflanzen. Dort werden sie dann viele Jahre wachsen.

Wem ab Februar das Dauergrün zu langweilig wird, der sollte Schneeglöckchen und Krokusse, die um diese Zeit in Blumenhandlungen erhältlich sind, dazwischen pflanzen.

Tipp

Wer sein Futterhaus gleich in die Gestaltung mit einbezieht, hat doppelte Freude. Die Vögel beleben den Balkon und sind auch noch nett zu beobachten.

Ein wilder Kasten

Naturliebhaber gibt es überall, und so ist es nicht verwunderlich, dass es auch diesen Trend gibt: eine Blumenwiese im Balkonkasten. Eine richtige Blumenwiese wird das freilich nicht, aber wenigstens das Gefühl einer solchen naturnahen Bepflanzung ist gegeben. Die Auswahl an Bepflanzungsmöglichkeiten ist enorm. Ob mit fertigen Stauden (im kleinen Blumentopf erhältlich) oder noch einfacher aus der Samentüte – die Palette ist vielfältig. Beachten sollte man bei diesen „Wilden" allerdings die Vorlieben, was den Boden betrifft. Manche reagieren sehr empfindlich. Mein Vorschlag ist einer für einen sehr sandigen, kiesigen und eher trockenen Boden.

Saatgut oder Pflanzen für einen „wilden" Balkonkasten (Länge 100 cm)

1 Klatsch-Mohn (Papaver rhoeas) (Saatgut), 1 Stk.
2 Kornblume (Centaurea cyanus) (Saatgut), 1 Stk.
3 Großblütige Königskerze (Verbascum densiflorum), 1 Stk.
4 Heide-Nelke (Dianthus deltoides), 1 Stk.
5 Feder-Nelke (Dianthus plumarius), 1 Stk.
6 Gemeine Nachtkerze (Oenothera biennis), 1 Stk.
7 Wilder Majoran (Origanum vulgare), 1 Stk.

PFLANZPLAN

für einen „wilden Kasten“

1 Klatsch-Mohn (Papaver rhoeas)
Blutrot färbt der Klatsch-Mohn auch öde, kahle Flächen wie Baustellen. Im Balkonkasten gibt er ein kurzes, aber farbenprächtiges Schauspiel.

2 Kornblume (Centaurea cyanus)
Längst ist sie aus den Getreidefeldern verloren gegangen. Im Blumengarten findet man sie immer öfter – das Blau der Blüten ist einzigartig.

3 Großblütige Königskerze (Verbascum densiflorum)
Kaum zu glauben, wo eine Königskerze überall wachsen kann – ob in einer Pflasterritze oder selbst in einer Dachrinne. Sie ist robust und passt sich in der Größe ihren Lebensumständen an.

4 Heide-Nelke (Dianthus deltoides)
Zart, aber robust und unglaublich kräftig in der Farbe ist die Heide-Nelke. Je karger der Boden, desto schöner wächst sie.

5 Feder-Nelke (Dianthus plumarius)
Die große Schwester der zierlichen Heide-Nelke sorgt mit ihren auffälligen Blütenblättern für einen interessanten Kontrast. Ihr Duft ist betörend.

6 Gemeine Nachtkerze (Oenothera biennis)
Die gelben Blüten der Nachtkerzen öffnen sich in den späten Abendstunden innerhalb von Sekunden. Wie im Zeitraffer – und kurze Zeit später sind die ersten Nachtfalter da.

7 Wilder Majoran (Origanum vulgare)
Robustheit und Duft sind dem Origanum eigen. Die trockenheitsliebende Pflanze braucht keine Pflege – im Gegenteil, zu viel Gießen kann ein Faulen der Wurzeln bewirken.

Wildblumen blühen normalerweise nicht gleichzeitig und oft nur kurze Zeit, aber durch ein Nachsäen von im Handel erhältlichen Saatgutmischungen kann die Blütezeit auf ein ganzes Jahr ausgedehnt werden.

Tipp

Ein Experiment, das vor allem für Familien mit Kindern interessant ist: Reinigen Sie nach einem ausgedehnten Spaziergang in der Natur die Schuhsohlen über einem mit Erde gefüllten Blumentopf. Die herabfallenden Erdreste enthalten sehr oft Samen, die schon nach wenigen Tagen keimen. Vom lästigen Unkraut bis zur schönsten Blütenpflanze reicht die Palette, die Naturforscher auf diese Art entdecken.

Verwenden Sie für einen solchen Wildblumenkasten keine normale Blumenerde. Ideal ist sandige Gartenerde. Wer diese nicht zur Verfügung hat, kauft sich fertige Kakteenerde – die hat ähnliche Eigenschaften.

Ein wilder Kasten – im Detail

Klatsch-Mohn

(*Papaver rhoeas*)

Blütezeit: Mai bis September.
Standort: volle Sonne, trocken, nährstoffarm.
Überwinterung: nicht möglich, jedes Jahr aussäen.
Wuchshöhe: bis 30 cm.

Alle Mohnliebhaber kennen das Problem: So schön er am Wegrand oder auch im Garten blüht, abgepflückt hält er bloß einige Stunden – wenn man ihn überhaupt mit den Blüten nach Hause bringt. Daher ist der Mohn im Balkonkasten für alle Liebhaber ein idealer Ausgleich. Zwar gibt er auch hier nur ein kurzes Schauspiel, aber vielleicht kommt man auf den Geschmack und sucht noch nach anderen Mohnarten – die Palette ist groß. Ein Liebling von mir ist der Island-Mohn (*Papaver nudicaule*).

Kornblume

(*Centaurea cyanus*)

Blütezeit: je nach Aussaat von Juni bis Mitte September.
Standort: volle Sonne.
Überwinterung: nicht möglich, jedes Jahr aussäen.
Wuchshöhe: bis 30 cm.

Für freihängende Blumenkästen mag die Kornblume ein wenig zu hoch sein, aber an einer Hauswand oder in einem Blumentrog vor dem Balkongeländer ist sie ideal. Sie wird bis zu 80 cm hoch (meist aber bleibt sie kleiner). Auf jeden Fall bringt sie naturnahe Stimmung auf den Balkon. Die Züchter waren natürlich auch bei dieser Pflanze aktiv. Einige Sorten: 'Blauer Junge' (stahlblau), 'Schneemann' (weiß), 'Roter Ball' (leuchtend rot), 'Rosa Ball' (rosa).

Tipp für Experten

Ein Experiment für „wilde Blumenfans": Gemüse wie Zwiebel, Knoblauch oder auch Karotten treiben oft im Frühjahr im Kühlschrank aus. Wenn Sie sie in Töpfe setzen, erleben Sie und Ihre Kinder, wie diese Gemüse wachsen!

Klatsch-Mohn

Kornblume

Großblütige Königskerze

Heide-Nelke

Feder-Nelke 'Roseus Plenus'

Gemeine Nachtkerze

Wilder Majoran

Großblütige Königskerze
(*Verbascum densiflorum*)

Blütezeit: von Juni bis September.
Standort: volle Sonne – trocken.
Überwinterung: zweijährig, am besten jedes Jahr neu setzen.
Wuchshöhe: im Kasten meist um die 50 cm, im Freiland 2 bis 3 m.

Auch die Königskerze ist eine überaus genügsame Pflanze. Ob Kieswege oder Schutthalden – hier fühlt sie sich wohl und entfaltet ihre ganze Größe und Pracht. Sie ist äußerst anpassungsfähig und gibt sich mit dem zufrieden, was sie vorfindet. Dementsprechend ist die Wuchshöhe sehr unterschiedlich. Je karger, desto kompakter – also wenig gießen (aber nicht vertrocknen lassen!) und niemals düngen. Besonders schön sind die Arten mit wolligen Blättern (*V. bombyciferum*).

Königskerzen säen sich willig aus. Daher können Balkongärtner im Spätsommer Samen von solchen Königkerzen an Wildstandorten ernten und ausstreuen. Die Pflanzen blühen aber erst im übernächsten Jahr.

Heide-Nelke
(*Dianthus deltoides*)

Blütezeit: Mai bis Juni.
Standort: Sonne, durchlässiger Boden.
Überwinterung: problemlos.
Wuchshöhe: 10 bis 15 cm.

Die dicken Polster, die sich mit der Zeit bilden, sind ein wunderbarer Untergrund für die kleinen, manchmal zart duftenden Blüten. Bei der Heide-Nelke gibt es empfehlenswerte Sorten wie 'Albus', 'Vampir' und 'Brilliant'. Je karger der Boden, desto schöner wächst sie.

Feder-Nelke
(*Dianthus plumarius*)

Blütezeit: den ganzen Sommer über.
Standort: volle Sonne, durchlässiger Boden.
Überwinterung: viele Sorten sehr robust, gefüllte manchmal empfindlich.
Wuchshöhe: 20 bis 30 cm.

Wer einmal den Duft der Feder-Nelke geschnuppert hat, der kommt von ihr nicht mehr los. Mit ihren zarten, gefiederten Blütenblättern sorgt sie einen ganzen Sommer lang für Farbe und Duft. Die Blätter bilden ein blaugrünes bis blaugraues Polster. Feder-Nelken gibt es in vielen Farben. Gefüllte Sorten wie 'Roseus Plenus' sind beliebt, aber manchmal ein wenig empfindlich, was die Winterhärte betrifft.

Gemeine Nachtkerze
(*Oenothera biennis*)

Blütezeit: ab Juni. Standort: volle Sonne, etwas feuchter und nahrhafter Boden.
Überwinterung: am besten jährlich Jungpflanzen setzen.
Wuchshöhe: im Kasten 30 bis 60 cm, im Freiland bis zu 2 m.

Im Balkonkasten wird diese Pflanze für Furore bei den Nachbarn sorgen. Einerseits weil sie doch recht mächtig wirkt, andererseits aber wegen ihrer Blüten. Kaum verschwindet die Sonne am Horizont, beginnen die Knospen zu schwellen und springen plötzlich auf. Nicht wie bei anderen Blüten innerhalb von Stunden, sondern in Bruchteilen von Sekunden! Es kommen die Nachtschwärmer, die mit ihren langen Rüsseln den Nektar suchen.

Wilder Majoran
(*Origanum vulgare*)

Blütezeit: ab Juli.
Standort: volle Sonne – eher trocken.
Überwinterung: problemlos.
Wuchshöhe: bis zu 20 cm (Blüten).

Als Fan von Wildem Majoran sind Sie nicht alleine: Kaum haben sich die Blüten geöffnet, schwärmen die Insekten zu Hunderten zu den roten, rosa oder fast weißen Blüten. Als Würzkraut ist er ebenso zu verwenden wie in der Kräutermedizin. Majoran verzeiht es, wenn man ihn einmal nicht gießt – Trockenheit ist ihm lieber als Staunässe.

Very British: Hanging Basket

Jeder, der einmal in England war, wird von den üppigen Blumenkörben begeistert sein. Ob an privaten Hausfassaden oder auch an öffentlichen Straßenlaternen, überall sind diese Blumendekorationen zu finden. Der Unterschied zu einem herkömmlichen Balkonkasten ist, dass die Pflanzen teilweise sehr klein gesetzt werden müssen, um sie durch die Gitterkörbe durchstecken zu können. Vorgepflanzte „baskets“ sind aber nun schon bei vielen Gärtnern zu finden. Sie ermöglichen einen eindrucksvollen Start in die Gartensaison.

Die Pflanzen für eine Hängeampel „Hanging Basket“

1 Zwergpetunie (Calibrachoa 'Million Bells Red'®), 1 Stk.
2 Korallenglöckchen – Elfensporn (Diascia 'Coralle'), 1 Stk.
3 Husarenknöpfchen (Sanvitalia procumbens 'Aztekengold'), 1 Stk.
4 Goldmarie – Gold-Zweizahn (Bidens ferulifolia 'Mega Sun'), 1 Stk.
5 Männertreu (Lobelia erinus 'Hot Whitespot'), 1 Stk.
6 Schneeflockenblume (Sutera cordata 'Taifun Megawhite'), 1 Stk.
7 Weihrauchpflanze (Plectranthus forsteri 'Silver Foil'), 1 Stk.

PFLANZPLAN

für einen „Hanging Basket“

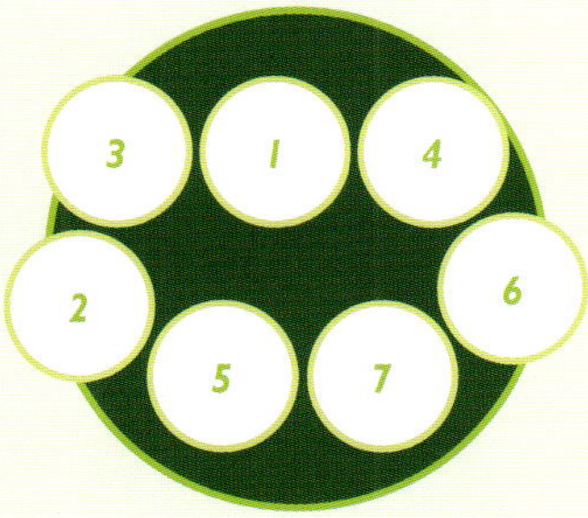

1 Zwergpetunie (Calibrachoa 'Million Bells Red'®) – rot
Meine Favoritin – eine Dauerblüherin mit zarten Blüten. Dünger und Wasser genügen, und schon geht's los.

2 Korallenglöckchen – Elfensporn (Diascia 'Coralle') – rosa
So elegant wie diese Diascia wächst kaum eine andere Balkonpflanze – ob rosa wie diese hier, korallenorange oder karminrot, es gibt keine bessere Ampelpflanze.

3 Husarenknöpfchen (Sanvitalia procumbens 'Aztekengold') – gelbschwarz
Große Blüten, kompaktes Wachstum – dieses Husarenknöpfchen wird jede Ampel zu einem „eye catcher“ machen. Gut düngen – im Idealfall mit Langzeitdünger.

4 Goldmarie – Gold-Zweizahn (Bidens ferulifolia 'Mega Sun') – gelb
Die Goldmarie wächst sehr schnell – eine Freude im Mai, wenn sich Blüten und Blätter derart rasch entwickeln. Wie sie aussieht, so sind auch ihre Bedürfnisse: Es kann nicht genug Sonnenschein sein! In ihrer Heimat Mittelamerika gedeiht sie praktisch überall, wenn nur ein kleines Stückchen Erde, selbst in einer Mauerritze, es ermöglicht.

5 Männertreu (Lobelia erinus 'Hot Whitespot') – blau/weiß
Lobelien kennen Blumenliebhaber – und ihre Eigenheit, dass sie manchmal plötzlich vertrocknen. Diese Sorte aber wächst und blüht – einen ganzen Balkon-Sommer lang.

6 Schneeflockenblume (Sutera cordata 'Taifun Megawhite') – weiß
Auch wieder eine Neuheit: 'Megawhite' besticht durch sehr große Blüten und einen Wuchs, wie man ihn sonst bei dieser Pflanze nicht kennt: kompakt und mit dunkelgrünem Laub.

7 Weihrauchpflanze (Plectranthus forsteri 'Silver Foil')
Blattschmuck-Pflanzen sind im Trend. Diese hier gab es früher schon einmal; nun wurde sie wiederentdeckt und sorgt für eine interessante Ergänzung zu den Blüten.

Tipp

Bei kleineren Gärtnereien ist es möglich, die „hanging baskets“ individuell vorzubestellen. Die Körbe werden dann – nach Wunsch des Kunden – mit Jungpflanzen bestückt und im Gewächshaus weiterkultviert.

Pflanzkörbe trocknen sehr rasch aus. Seit einiger Zeit gibt es ein aus England kommendes wasserspeicherndes Gel („Hydrogel“) im Handel. Es wird in die Erde gemischt, nimmt große Mengen an Wasser auf und gibt es langsam an Erde und Wurzeln ab.

Very British: Hanging Basket – im Detail

Zwergpetunie

(*Calibrachea* 'Million Bells Red®')

Blütezeit: ab Mai bis zum Frost.
Standort: volle Sonne oder ganz leichter Schatten.
Überwinterung: nicht sinnvoll.
Wuchshöhe: bis zu 50 cm herabhängend.

Unter dem Namen Petunie gibt es mittlerweile so viele verschiedene Sorten, dass es schwer fällt, den Überblick zu bewahren. Diese 'Million bells' zählen zu den zartesten. Gerade in einer Ampel kommen sie ganz perfekt zu Geltung. Wer Lust hat, kann sie auch einmal ganz alleine in einen Blumenkorb setzen – er wird nach wenigen Wochen eine Blütenkugel sein. Schädlinge treten praktisch nicht auf. Gedüngt und gegossen werden sollte aber regelmäßig. Falls gelbe Blätter auftauchen, Eisendünger geben.

Tipp *für Experten*

Je kleiner die Pflanzen beim Setzen sind, desto perfekter gelingt ein solcher Blütenkorb. Bis zu 30 Minipflanzen (oft nur bewurzelte Stecklinge) werden in England verwendet, um die „baskets" rundherum zu bepflanzen.

Wenn der Blütenkorb nach einem Urlaub sehr mitgenommen aussieht, dann sollte er sofort radikal zurückgeschnitten werden. Die rasch wachsende Kapuzinerkresse und auch die Prachtwinde können noch im Juli ausgesät werden und ergänzen die Blüten.

Korallenglöckchen – Elfensporn

(*Diascia* 'Coralle')

Blütezeit: ab Mai bis zum Frost.
Standort: sonnig bis leichter Schatten.
Überwinterung: nicht sinnvoll.
Wuchshöhe: bis zu 30 cm herabhängend.

Korallenglöckchen sind Pflanzen, die mit ihrem buschigen kompakten Wuchs und ihren kleinen trichterförmigen Blüten den ganzen Sommer begeistern. In der Kultur sind sie problemlos und wachsen schnell. Sie eignen sich für Ampeln, Balkonkästen und Kübel. Diascien sind sehr reichblühend. Vor allem die Sorte 'Coralle', eines der schönsten Korallenglöckchen überhaupt.

Zwergpetunie

Korallenglöckchen – Elfensporn

Husarenknöpfchen

Goldmarie – Gold-Zweizahn

Männertreu

Schneeflockenblume

Weihrauchpflanze

Husarenknöpfchen

(*Sanvitalia procumbens* 'Aztekengold')

Blütezeit: ab Mai bis zum Frost.
Standort: sonnig bis leichter Schatten.
Überwinterung: nicht möglich.
Wuchshöhe: bis zu 50 cm und mehr.

Auch bei dieser Balkonpflanze ist den Züchtern ein Glücksgriff gelungen: Waren bisher meist nur über Samen vermehrte Pflanzen mit kleinen Blüten im Handel, so ist 'Aztekengold' eine, die durch ihre großen Blüten und ihr gesundes Wachstum besticht. Die Pflanze wird durch Stecklinge vermehrt und gibt so die gesunde Wuchskraft direkt weiter.

Goldmarie – Gold-Zweizahn

(*Bidens ferulifolia* 'Mega Sun')

Blütezeit: Mai bis Oktober.
Standort: sonnig.
Überwinterung: möglich, aber nicht sinnvoll.
Wuchshöhe: bis zu 80 cm lange Triebe.

'Mega Sun' – das sagt eigentlich alles über diese aus Mittelamerika stammende Pflanze. Sie ist ein kräftiger Blüher und muss manchmal ein wenig eingebremst werden. Rückschnitt ist kein Problem. Damit die Pflanze wachsen kann, wie sie will, benötigt sie viel Wasser und Dünger. An Schädlingen und Krankheiten treten manchmal Weiße Fliege, Minierfliege und Thripse auf. Der Pflanze können sie aber wenig anhaben.

Männertreu

(*Lobelia erinus* 'Hot Whitespot')

Blütezeit: ab Mai bis zum Frost.
Standort: sonnig bis leichter Schatten.
Überwinterung: nicht möglich.
Wuchshöhe: bis zu 40 cm herabhängend.

Lobelien gehören seit ewigen Zeiten zu den kleinen Juwelen im Balkonkasten – mit den großen Nachteil, dass sie ganz plötzlich austrocknen und eingehen können. Diese völlig neue Züchtung der Gruppe 'Hot' ist dagegen gefeit. An Wüchsigkeit ist sie nicht zu übertreffen und bildet dichte Polster, die über und über blühen. Eine prächtige Pflanze für Blumenampeln.

Schneeflockenblume

(*Sutera cordata* 'Taifun Megawhite')

Blütezeit: ab Mai bis zum Frost. Standort: sonnig bis leichter Schatten.
Überwinterung: nicht sinnvoll. Wuchshöhe: 20 bis 30 cm.

Es heißt wirklich auf die Sorte achten, wenn Sie Ihre Blumenampel bepflanzen. Diese Schneeflockenblume 'Taifun Megawhite' gehört zu den shooting stars der letzten Jahre: Sie hat die größten Blüten, kompakten Wuchs und kräftiges, dunkelgrünes Laub. Darüber hinaus ist sie besonders blühwillig und blüht den ganzen Sommer durch.

Tipp für Experten

Nagelneu ist eine Züchtung der Duftwicke, die nun als Ampelpflanze gezogen werden kann: Die hängende Gartenwicke 'Sugar 'n' Spice'® wächst kompakt und blüht den ganzen Sommer. Immer Samenkapseln entfernen!

Weihrauchpflanze

(*Plectranthus forsteri* 'Silver Foil')

Blütezeit: keine – Blattschmuckpflanze.
Standort: sonnig bis schattig – bei einem „hanging basket" an die Schattenseite pflanzen.
Überwinterung: möglich, aber nicht sinnvoll.
Wuchshöhe: bis zu 80 cm.

'Silver Foil' ist eine alte, jetzt wieder entdeckte *Plectranthus*-Art. Diese sogenannte Strukturpflanze wächst stark, liebt die Wärme und benötigt viele Nährstoffe. Sie verträgt volle Sonne, gedeiht aber auch im Halbschatten.

Wüstenstimmung auf dem Balkon

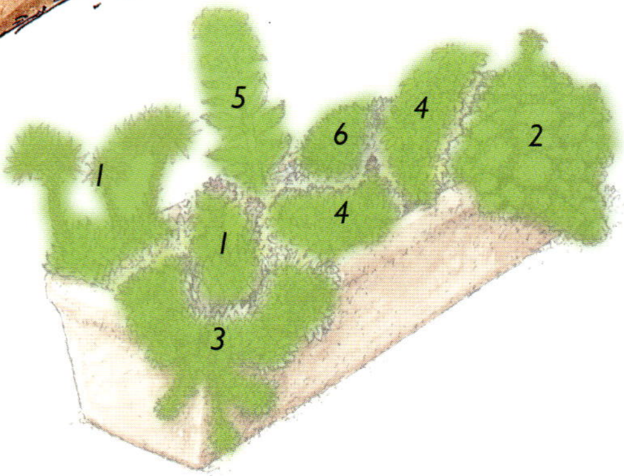

So unglaublich es klingt – es gibt zahlreiche „kakteenartige“ oder, wie sie Fachleute bezeichnen, sukkulente Pflanzen, die auch bei uns winterhart sind. Jetzt denken wir aber nicht an die winterharten Kakteen – die es auch gibt! –, sondern zum Beispiel an die gute alte Haus- oder Dachwurz. Früher zwischen Dachschindeln gepflanzt, um Blitzschlag abzuwenden, bringen Hunderte Sorten heute eine ganz extravagante Stimmung auf Balkon und Terrasse. Jeder noch so kleine (oder große) Balkonkasten eignet sich für eine Bepflanzung mit diesen trockenheitsliebenden Gewächsen. Ideal ist ein Standort in voller Sonne, der möglichst vor direktem Regen geschützt sein sollte. Also eine Fensterbank unter einem Dachvorsprung oder eine Loggia, die durch ein Dach geschützt ist.

Die Pflanzen für einen Balkonkasten mit „Wüstenstimmung“ (Länge 100 cm)

1 Wimper-Hauswurz (Sempervivum ciliosum), 2 Stk.
2 Spinnweb-Hauswurz (Sempervivum arachnoideum) in Sorten (nach Verfügbarkeit), 5 Stk.
3 Hauswurz in Sorten (Sempervivum), 4 Stk.
4 Mauerpfeffer (Sedum acre 'Aureum'), 3 Stk.
5 Rosenwurz (Rhodiola rosea), 1 Stk.
6 Sternwurz (Orostachys spinosus), 1 Stk.

PFLANZPLAN

für einen Balkonkasten mit „Wüstenstimmung“

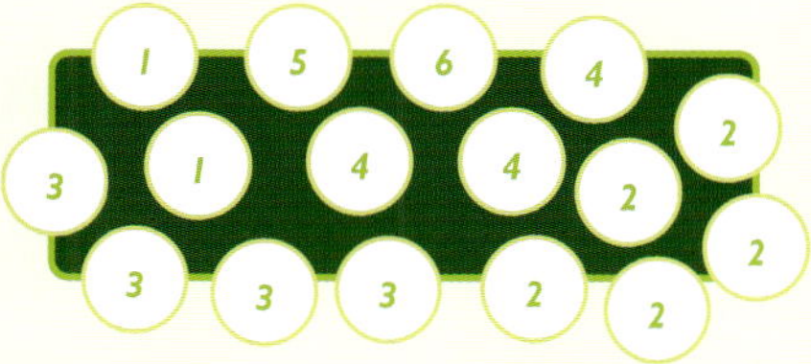

1. **Wimper-Hauswurz (Sempervivum ciliosum)**
Die behaarten Rosetten bilden dichte Matten, die teilweise über den Rand der Balkonkästen hängen. Besonders schön sind sie zwischen größeren Steinen.

2. **Spinnweb-Hauswurz (Sempervivum arachnoideum) in Sorten (nach Verfügbarkeit)**
Wie durch ein feines Spinnennetz sind die Spitzen der einzelnen Rosettenblätter miteinander verbunden. Je nach Sorte sind die Fäden silbriger oder weißer.

3. **Hauswurz in Sorten (Sempervivum ‘Ankogel’, ‘Bedivere’, ‘Dakota’, ‘Dark Beauty’, ‘Fuego’, ‘Missouri Rose’, ‘Reinhard’, ‘Metallicum Giganteum’, ‘Zannalee’, ‘Othello’, ‘Pax’, ‘Weiße Feder’, ‘Baby Boo’)**
Die Sortenauswahl ist enorm und verführt zur Sammellust. Direkt in Gärtnereien kaufen und aussuchen!

4. **Mauerpfeffer (Sedum acre ‘Aureum’)**
Keine Dachbegrünung kommt ohne den Mauerpfeffer aus. Dank seiner Robustheit ist er ein Begleiter für viele Jahre. Jeder noch so kleine Trieb wurzelt, und so lässt sich eine Pflanze, die außer Form geraten ist, leicht verjüngen.

5. **Rosenwurz (Rhodiola rosea)**
Eine dekorative Pflanze, die allein schon durch die unterschiedliche Färbung ihrer Blätter für einen Sukkulenten-Kasten interessant ist.

6. **Sternwurz (Orostachys spinosus)**
Wer aus Sibirien kommt, der muss dem Frost wohl trotzen. Die Sternwurz tut das und gedeiht auch im kleinsten Blumenkasten ganz willig. Aufmerksam sollte man die kleinen Nebenrosetten beobachten – sie sorgen für die Vermehrung.

Je mehr Schotter oder Kies sich im Blumentopf befindet – also je karger und durchlässiger der Boden ist –, desto wohler fühlen sich die „Wüstenpflanzen“.

Viele Hauswurz-Arten bilden Unmengen von Nachkommen. Diese „Kindel“ lassen sich leicht zu neuen Pflanzen ziehen: in Töpfe mit sandiger Erde stecken, und fertig ist das Geschenk für Pflanzenliebhaber.

Tipp

Die Vielfalt der Hauswurz ist so groß, dass selbst Experten manchmal den Überblick verlieren. Daher nicht auf Namen verlassen, sondern nach Lust und Laune aussuchen.

Tipp

Für einen 100 cm langen Kasten benötigen Sie 15 Pflanzen. Das mag zwar viel erscheinen, schafft aber relativ rasch einen dichten Bewuchs. Als Substrat verwenden Sie Packungserde, die aber mindestens mit 2/3 Sand, Lehm und Kies gemischt sein muss.

Wüstenstimmung auf dem Balkon – im Detail

Wimper-Hauswurz

(*Sempervivum ciliosum*)

Blütezeit: Juli/August – kleine grüngelbe Blüten.
Standort: volle Sonne, aber geschützt.
Überwinterung: frostfest, aber unbedingt trocken.
Wuchshöhe: max. 8 cm.

Diese Hauswurz stammt aus Südosteuropa und bildet innerhalb kürzester Zeit dichte Matten. Die bis zu 5 cm großen Rosetten sind stark behaart und äußerst dekorativ, besonders wenn sie als Kontrast zwischen höhere Pflanzen gesetzt werden. Auch an kleine und größere Steine schmiegen sie sich wunderbar an.

Spinnweb-Hauswurz

(*Sempervivum arachnoideum*) in Sorten (nach Verfügbarkeit)

Blütezeit: Juli/August – kleine rosa Blüten auf beblätterten Stielen.
Standort: volle Sonne.
Überwinterung: problemlos – vor zu viel Feuchtigkeit schützen.
Wuchshöhe: bis 8 cm.

Den deutschen Namen hat diese Hauswurz von dem Gespinst bekommen, das sich wie weiße Haare um die Rosetten legt. Je nach Sorte sind die Blätter unterschiedlich gefärbt; auch die Dichte der Spinnweben ist unterschiedlich. Am besten ist es, man sucht sich die Sorten direkt in Staudengärtnereien aus.

Hauswurz in Sorten

(*Sempervivum* 'Ankogel', 'Bedivere', 'Dakota', 'Dark Beauty', 'Fuego', 'Missouri Rose', 'Reinhard', 'Metallicum Giganteum', 'Zannalee, Othello', 'Pax', 'Weiße Feder', 'Baby Boo')

Blütezeit: Juli/August.
Standort: volle Sonne.
Überwinterung: problemlos – vor zu viel Feuchtigkeit schützen.
Wuchshöhe: bis 8 cm.

Alle Hauswurz-Sorten kontrastieren gut miteinander. Auch bei diesen gezüchteten Dachwurzen gilt: Direkt in der Gärtnerei aussuchen, denn sehr oft werden die Namen vertauscht, und man bekommt schlussendlich etwas ganz anderes als erwartet.

Ob Blumentopf oder alter Schuh: Die Erde muss sandig sein, und es darf keine stauende Nässe geben.

Rosenwurz

(*Rhodiola rosea*)

Blütezeit: Juli/August – schirmartige Köpfe mit kleinen gelbgrünen Blüten.
Standort: volle Sonne. Überwinterung: voll frosthart – nicht zu feucht.
Wuchshöhe: 5 bis 30 cm.

Die Rosenwurz bildet dichte Gruppen von Sprossen mit fleischigen graugrünen, rot überlaufenden Blättern. Die Blätter sind bis zu 4 cm lang und auch in Zeiten, in denen die Pflanze nicht blüht, äußerst dekorativ.

Diese sukkulenten Pflanzen haben eines gemeinsam: Sie bilden dichte Matten.

Sternwurz

(*Orostachys spinosus*)

Blütezeit: Juli/August – ährenartige Rispen mit sternförmigen Blüten.
Standort: volle Sonne.
Überwinterung: problemlos.
Wuchshöhe: 5 bis 10 cm.

Die Sternwurz kommt aus Sibirien und ist daher an extreme Witterung und harten Frost gewöhnt. Wie viele Sukkulenten mag sie es aber nicht, wenn im Winter zu viel Feuchtigkeit auftritt. Frost macht ihr dagegen nichts. Die Blüten stehen im Sommer in wunderschönen Rispen über den Rosetten, die allerdings danach absterben. Kleine Nebenrosetten sorgen aber für einen Bestand.

Im Winter „killt" nicht die Kälte solche Wüstenpflanzen, sondern die Nässe. Daher die Kästen im Freien, aber unter einem Dach überwintern. Gießen Sie während der Vegetationsperiode alle 3 bis 4 Tage. Lieber zu wenig als zu viel – besonders im Frühling und Herbst. Beim Düngen eher zurückhaltend sein – kalibetontes Düngen stärkt die Pflanzen. Ideal ist dafür jeder Naturdünger.

Mauerpfeffer

(*Sedum acre* 'Aureum')

Blütezeit: Juli/August – kleine hellgelbe Blüten.
Standort: volle Sonne.
Überwinterung: problemlos, nicht zu nass.
Wuchshöhe: 5 cm – bildet dichte Matten und hängt über den Kastenrand.

Der Mauerpfeffer ist als Randbepflanzung in unserem Dachwurzkasten sehr hübsch. Im Sommer bildet die Sorte 'Aureum' einen dichten gelben Blütenteppich. Die *Sedum*-Art ist sehr genügsam, gleichzeitig aber auch so wuchskräftig, dass selbst kleine Teilstücke, die man in das kiesige Substrat steckt, anwurzeln und weiterwachsen. Dies sollte auch ab und zu ganz gezielt gemacht werden, denn dadurch verjüngt sich die Pflanze. Die Pflanzenteile bilden so neue Pflanzen.

Hitparade
der Faulenzerpflanzen – Blüten und Blätter

FAULENZER-WERTUNG	PFLANZE	PFLEGE
✿✿✿✿✿	**Efeu goldgelb** (*Hedera helix* 'Goldchild')	○ ◐
✿✿✿✿✿	**Efeu** (*Hedera helix*)	○ ◐ ●
✿✿✿✿✿	**Zwerg-Kiefer** (*Pinus mugo subsp. pumilio*)	○ ◐
✿✿✿✿✿	**Mauerpfeffer** (*Sedum acre* 'Aureum')	☼
✿✿✿✿✿	**Topf-Narzisse** (*Narcissus* 'Tête à Tête')	○ ◐
✿✿✿✿✿	**Pelargonie aufrechtwachsend** (*Pelargonium* (Zonale Grp.) 'Ventura', 'Survivor Salmon')	☼ ○
✿✿✿✿✿	**Hänge-Pelargonie** (*Pelargonium* (Peltatum Grp.) 'Ville de Paris')	☼ ○
✿✿✿✿✿	**Petunie** (*Petunia* 'Sylvana Evita')	☼ ○
✿✿✿✿✿	**Mehl-Salbei** (*Salvia farinacea* 'Victoria silver')	☼
✿✿✿✿✿	**Segge** (*Carex brunnea* 'Lady Sunshine')	☼
✿✿✿✿✿	**Sommerefeu** (*Mikania scandens* 'Variegata')	○
✿✿✿✿✿	**Lakritz-Strohblume** (*Helichrysum petiolare* 'Silver Mini')	☼
✿✿✿✿✿	**Vergissmeinnicht** (*Myosotis sylvatica*)	○ ◐
✿✿✿✿✿	**Weihrauchpflanze** (*Plectranthus forsteri* 'Silver Foil')	☼ ○
✿✿✿✿	**Balkon-Dahlie** (*Dahlia* 'Dalina Salomon'®)	☼
✿✿✿✿	**Elfenspiegel** (*Nemesia strumosa* 'Ravello')	☼

FAULENZER-WERTUNG	PFLANZE	PFLEGE
✿✿✿✿	**Fächerblume** (*Scaevola aemula* 'Brillant')	☼
✿✿✿✿	**Fleißiges Lieschen** (*Impatiens walleriana*)	◐
✿✿✿✿	**Fuchsie stehend** (*Fuchsia* (Triphylla Grp.) 'Koralle')	◐
✿✿✿✿	**Gefülltes Gänseblümchen** (*Bellis perennis*)	○ ◐
✿✿✿✿	**Goldmarie – Gold-Zweizahn** (*Bidens ferulifolia* 'Mega Sun')	☼ ○
✿✿✿✿	**Hauswurz** (*Sempervivum*)	☼
✿✿✿✿	**Spinnweb-Hauswurz** (*Sempervivum arachnoideum*)	☼
✿✿✿✿	**Hyazinthe** (*Hyacinthus orientalis*)	○ ◐
✿✿✿✿	**Kapkörbchen – Kapringelblume** (*Osteospermum ecklonis* 'Lemon Symphony')	☼ ○
✿✿✿✿	**Kartoffelblume** (*Solanum jasminoides*)	○
✿✿✿✿	**Kornblume** (*Centaurea cyanus*)	☼
✿✿✿✿	**Kleiner Krokus** (*Crocus chrysanthus*)	○ ◐
✿✿✿✿	**Wilder Majoran** (*Origanum vulgare*)	☼
✿✿✿✿	**Männertreu** (*Lobelia erinus* 'Hot Whitespot')	○ ◐
✿✿✿✿	**Oregano** (*Origanum vulgare* 'Aureum')	☼
✿✿✿✿	**Pelargonie aufrechtwachsend** (*Pelargonium* (Zonale Grp.) 'Bianca')	☼ ○

Hitparade

der Faulenzerpflanzen – Blüten und Blätter

FAULENZER-WERTUNG	PFLANZE	PFLEGE
✿✿✿✿	**Hänge-Pelargonie** (*Pelargonium* (Peltatum Grp.) 'Ville de Dresden')	☼ ○ ⌂ ▼ ▽
✿✿✿✿	**Japanische Hänge-Petunie** (*Petunia* 'Surfinia Baby Red'®, 'Surfinia Vanilla'®, 'Surfinia White'®)	☼ ○ ⌧ ▼ ▽
✿✿✿✿	**Gold-Pfennigkraut** (*Lysimachia nummularia* 'Goldilocks')	☼ ♣ ▽
✿✿✿✿	**Echter Salbei – dreifarbig** (*Salvia officinalis* 'Tricolor')	☼ ♣ ▽
✿✿✿✿	**Schwarzäugige Susanne** (*Thunbergia* 'Apricot')	☼ ○ ⌧ ▼ ▽
✿✿✿✿	**Stacheldraht** (*Leucophyta brownii* 'Silver King')	☼ ⌧ ▽
✿✿✿	**Zwergpetunie** (*Calibrachoa* 'Million Bells Red'®)	☼ ○ ⌧ ▽
✿✿✿	**Besenheide** (*Calluna vulgaris* 'Gardengirl')	○ ◑ ♣ ▽
✿✿✿	**Duftsteinrich** (*Lobularia maritima*)	◑ ⌧ ▽
✿✿✿	**Feder-Nelke** (*Dianthus plumarius*)	☼ ○ ⌧ ▽
✿✿✿	**Halbhängende Fuchsie** (*Fuchsia* 'Pink Ballett Girl')	◑ ⌂ ▽
✿✿✿	**Hänge-Fuchsie** (*Fuchsia* 'Red Spider')	◑ ⌂ ▽
✿✿✿	**Großer Gauchheil** (*Anagallis monellii* 'Skylover')	☼ ⌧ ▽
✿✿✿	**Wimper-Hauswurz** (*Sempervivum ciliosum*)	☼ ♣ ▽
✿✿✿	**Husarenknöpfchen** (*Sanvitalia procumbens* 'Aztekengold')	○ ◑ ⌧ ▽
✿✿✿	**Klatschmohn** (*Papaver rhoeas*)	☼ ⌧ ▽

FAULENZER-WERTUNG	PFLANZE	PFLEGE
✿✿✿	**Großblütige Königskerze** (*Verbascum densiflorum*)	☼ ⌧ ▽
✿✿✿	**Korallenglöckchen – Elfensporn** (*Diascia* 'Coralle')	☼ ○ ⌧ ▽
✿✿✿	**Gemeine Nachtkerze** (*Oenothera biennis*)	☼ ○ ⌧ ▽
✿✿✿	**Heide-Nelke** (*Dianthus deltoides*)	☼ ○ ⌧ ▽
✿✿✿	**Rosenwurz** (*Rhodiola rosea*)	☼ ♣ ▽
✿✿✿	**Schneeflockenblume** (*Sutera cordata* 'Taifun Megawhite')	○ ◑ ⌧ ▽
✿✿✿	**Skimmie** (*Skimmia japonica*)	○ ◑ ♣ ▽
✿✿✿	**Sternwurz** (*Orostachys spinosus*)	☼ ♣ ▽
✿✿✿	**Strauchmargerite** (*Agryanthemum frutescens*)	○ ⌂ ▽
✿✿✿	**Garten-Strohblume** (*Helichrysum bracteatum* 'Golden Beauty')	☼ ⌧ ▽
✿✿✿	**Torenie** (*Torenia fourneri* 'Summerwave Blue'®)	☼ ○ ⌧ ▽
✿✿✿	**Torfmyrte** (*Gaultheria mucronata* 'Variegata')	○ ◑ ♣ ▽
✿✿✿	**Horn-Veilchen** (*Viola* (Cornuta Grp.) 'Butterpat', 'Lemon Yellow' und andere Sorten)	○ ◑ ⌧ ▽
✿✿✿	**Balkon-Verbene – Eisenkraut** (*Verbena* 'Temari Scarlet'®)	☼ ○ ⌧ ▽
✿✿✿	**Wandelröschen** (*Lantana camara* 'Kolibri')	☼ ⌂ ▽
✿✿✿	**Zigarettenblume** (*Cuphea llavea* 'Tiny Winnie')	○ ⌧ ▽

Traum

vom Süden

Reise gebucht – all inclusive

Das Ticket für den Traum vom Süden ist gratis. Die Blütenpracht (hier ein Wandelröschen) wird mitgeliefert.

Unter Palmen spazieren, den Duft von Orangen- und Zitronenbäumen genießen oder schier endlose Oleanderhecken bewundern: Das ist der Traum vom Süden. Es muss aber nicht immer die Reise nach Italien, Griechenland oder Spanien sein – diese südliche Atmosphäre lässt sich auch auf dem Balkon oder der Terrasse schaffen. Viele der typischen maritimen Pflanzen gedeihen im Topf problemlos – und manche sind echte Faulenzerpflanzen. Allerdings mit einem Nachteil: Sie müssen alle in einem frostfreien Raum überwintert werden.

Das Umtopfen einer alten Kübelpflanze ist einfacher als Sie denken. Die dicht durchwurzelte Pflanze aus dem Topf nehmen, mit einer alten Bogensäge den Ballen um etwa ein Drittel verkleinern und die Pflanze mit neuer Erde wieder in den Topf setzen. Gut angießen, dann aber mäßig feucht halten und erst bei beginnendem Austrieb wieder wässern.

Was sind Kübelpflanzen?

„Echte" Kübelpflanzenfreunde verstehen darunter Pflanzen, die bei uns nicht winterhart sind. Also Pflanzen, die meist in mediterranen oder subtropischen Gegenden ihre Heimat haben. Die ersten Pflanzen, die zu uns kamen, wurden ausgepflanzt und in der kalten Jahreszeit mit einem Gewächshaus überbaut – die Orangerien, die Vorgänger unserer Wintergärten, waren geboren!

Die richtige Erde

Kübelpflanzen bleiben meist einige Jahre im selben Topf; daher ist auf besonders gute Erde zu achten. Neben Fertigerde („Kübelpflanzenerde") kann es auch selbst gemischte sein: 1/3 Fertigerde, 1/3 Kompost und 1/3 sandiger Mutterboden. Gleich beim Pflanzen wird das Substrat mit Dauerdünger versorgt. Um das Bodenleben zu aktivieren, kommen auch noch Hornspäne in die Erde.

Kübelpflanzen bekommen – so wie wir Menschen – nach einem langen Winter einen Sonnenbrand. Mühsam ist es, die Pflanzen zuerst in den Schatten und nach einigen Tagen in die Sonne zu transportieren. Einfacher: die Krone der Pflanzen mit dünnem Vlies einhüllen. Das reicht ebenfalls aus, und es gibt dann keine Gefahr von Verbrennungen mehr.

Terrasse mit Blüten unter Palmen

Palmen, Oleander oder auch Citrus haben oft Kalkflecken auf den Blättern. Bierreste, Milch verdünnt mit Wasser oder auch ein fertiges Blattglanzmittel sorgen wieder für einen glänzenden Auftritt.

Augen schließen und träumen: Eine Palme, deren Blattwedel bis über das Balkongeländer reichen, ein Oleander, dessen rote Blüten noch vom Nachbarhaus zu sehen sind, und dazu der betörende Duft von Citrusblüten. Ein Paradies unter Palmen, und sei es auf kleinstem Raum. Wer so eine mediterrane Oase sein Eigen nennt, der wird sich kaum noch am Wochenendstau beteiligen. Urlaub beginnt bei der Balkon- oder Terrassentür, und der Liegestuhl ist reserviert, auch wenn nicht ab fünf Uhr früh das Handtuch draufliegt.

Pflanzen für eine „Terrasse mit Blüten unter Palmen“

1 Kanaren-Dattelpalme (Phoenix canariensis)
2 Oleander (Nerium oleander)
3 Orangen-, Zitronen- bzw. Mandarinenbäumchen (Citrus spp.)
4 Schmucklilie (Agapanthus praecox)
5 Zylinderputzer (Callistemon viminalis 'Captain Cook')
6 Wandelröschen (Lantana camara) – Hochstamm, unterpflanzt mit
7 Duftsteinrich (Lobularia maritima)

WÄHLEN NACH LUST UND LAUNE!

„Terrasse mit Blüten unter Palmen“

- **Kanaren-Dattelpalme (Phoenix canariensis)**
  Keine Palme vermittelt mehr das Bild vom Süden als die Phönixpalme. Urlauber finden sie im Süden in stattlichen Exemplaren. Dank ihrer Robustheit ist auch das Überwintern kaum ein Problem.

- **Oleander (Nerium oleander)**
  Oleanderblüten mit ihrem zarten, teilweise auch intensiven Duft und ihrer nicht enden wollenden Blütezeit sind Boten des Südens. Passt der Standort – also so viel Sonne wie nur möglich –, ist der Oleander die dankbarste Kübelpflanze überhaupt. Besonders schön sind Sorten mit einfachen roten Blüten.

- **Orangen-, Zitronen- und Mandarinenbäumchen (Citrus spp.)**
  Das dunkelgrüne Laub, die weißen, duftenden Blüten und dazu gleichzeitig die leuchtend gelben oder orangefarbenen Früchte: Citrus sind das Symbol für den Traum vom Süden.

- **Schmucklilie (Agapanthus praecox)**
  Ein südafrikanischer Gast, der sich im Topf so wohl fühlt, dass sich seine weißen und blauen Blütenbälle wochenlang im Wind wiegen.

- **Zylinderputzer (Callistemon viminalis ‘Captain Cook’)**
  Wenn er blüht, dann ist er ein Blickfang. Manchmal aber macht er ein wenig Probleme. Gibt man ihm Moorerde und kalkfreies Wasser, wird auch der Zylinderputzer zur Faulenzerpflanze.

- **Wandelröschen (Lantana camara)**
  Keine typische Kübelpflanze, aber schafft man es, dass das Wandelröschen mehrere Jahre überlebt, dann werden daraus ganz ansehnliche Exemplare. Unterpflanzt man es mit Duftsteinrich, ergänzen sich Blüte und Duft.

Dattelpalmen werden im Winterquartier oft von Spinnmilben befallen. Abhilfe schafft nur ein sehr kühler Standort mit nicht zu trockener Luft.

Tipp

Zu groß gewordene Oleander lassen sich stark zurückschneiden. Ideal ist dafür das Frühjahr, denn dann verheilen die Schnittstellen rasch. Allerdings blühen die abgeschnittenen Äste nicht.
Wer den Rückschnitt auf zwei Jahre aufteilt und die Hälfte der alten Äste stehen lässt, hat Blüten und eine kompakte Pflanze.

Terrasse mit Blüten unter Palmen – im Detail

Kanaren-Dattelpalme

(*Phoenix canariensis*)

Blütezeit: irrelevant.
Standort: vollsonnig.
Überwinterung: hell und kühl, um 10 Grad.
Wuchshöhe: je nach Topf bis zu 3 m und mehr.

In Millionen Exemplaren werden die Phönixpalmen zum Verkauf angeboten. Sehr viele haben aber nur ein kurzes Dasein, denn ein Platz im geheizten Wohnzimmer bedeutet meist nach einigen Monaten den sicheren Tod. Im großen Topf auf der Terrasse und an einem kühlen Platz im Winter können die Dattelpalmen aber zu stattlichen Exemplaren heranwachsen.

Tipp für Experten

Palmen sind Tiefwurzler; daher finden sich oft im Blumentopf endlose Ringe an dicken Wurzeln. Sie sollten alle ein bis zwei Jahre eingekürzt werden. Jahrelang vernachlässigte Pflanzen überleben eine solche Behandlung kaum, da sie im oberen Topfbereich keine feinen Wurzeln gebildet haben.

Oleander

(*Nerium oleander*)

Blütezeit: Juni bis September, Blüten rot, rosa, weiß, gelb.
Standort: vollsonnig.
Überwinterung: kühl und hell, wenig gießen.
Wuchshöhe: bis zu 2 m, kann aber gut geschnitten werden.

Seit Jahrhunderten symbolisiert der Oleander den Traum vom Süden. Er gilt als eine der beliebtesten Kübelpflanzen. Riesige Exemplare sind oft bei Bauernhöfen zu finden, weil die kühlen Vorhäuser ein ideales Winterquartier bieten. Damit eine Pflanze auch wirklich zu blühen beginnt, benötigt sie den heißesten Platz des Gartens und sehr viel Wasser. Allerdings kein Regenwasser – der Oleander braucht kalkhaltiges Wasser, das auch in einem Untersetzer stehen bleiben darf. Im Winterquartier allerdings muss er sehr trocken gehalten werden, sonst beginnen die Wurzeln zu faulen.

Kanaren-Dattelpalme

Oleander

Zitronenbäumchen

Schmucklilie

Zylinderputzer

Wandelröschen

Orangen-, Zitronen-, Mandarinenbäumchen

(*Citrus spp.*)

Blütezeit: mehrmals im Jahr, weiße Blüten.
Standort: vollsonnig.
Überwinterung: hell und kühl, wenig gießen.
Wuchshöhe: sehr abhängig von der Sorte, ca. 1 bis 2 m.

Citrusgewächse bringen den Zauber des Mittelmeeres in unsere Breiten, wenn sie auf einer Terrasse ihren Blütenduft verströmen. Sie lassen sich leicht aus Kernen von Südfrüchten ziehen, allerdings ist es ein Lotteriespiel, ob diese Pflanzen zu blühen beginnen. Anspruchslos sind sie, wenn sie im Sommer einen sonnigen und im Winter einen hellen und kühlen Platz bekommen. Eine Grundregel ist aber, dass *Citrus*-Bäumchen keinen Kalk vertragen: Nur mit Regenwasser oder entkalktem Wasser gießen, sonst tritt Chlorose (sie verursacht gelbe Blätter) auf. Gießmittel (Eisenpräparate) zur Bekämpfung dieser Mangelerscheinung sind im Handel erhältlich.

Schmucklilie

(*Agapanthus praecox*)

Blütezeit: Juli bis August, Blüten blau oder weiß.
Standort: vollsonnig.
Überwinterung: sehr kühl.
Wuchshöhe: etwa 2 m.

Die Blütenpracht der Schmucklilie steht und fällt mit der Überwinterung: Die Blüten werden nämlich bereits im Winter angesetzt. Ob nun hell oder dunkel – das Wichtigste ist die niedrige Temperatur (um 8° C). Weil die fleischigen Wurzeln leicht faulen, im Winter wenig gießen. Selten umtopfen, denn die Schmucklilie liebt die Beengtheit im Topf. Bei zu großen Töpfen blüht sie wenig bis gar nicht. Im Sommer kräftig gießen und düngen!

Zylinderputzer

(*Callistemon viminalis* 'Captain Cook')

Blütezeit: Mai/Juni, Blüten meist rot.
Standort: volle Sonne.
Überwinterung: kühl, hell und nicht zu nass.
Wuchshöhe: etwa 2 m.

Wächst am besten in Moorerde, der man feinen Sand beimischt. Sicherer und reicher Frühjahrsblüher, der im Sommer einen sonnigen Standort benötigt. Nie ganz austrocknen lassen, aber auch Staunässe vermeiden. Wie bei allen Pflanzen, die sauren (Moor-)Boden lieben, sollten auch beim Zylinderputzer kalkfreier Dünger (Azaleen- oder Rhododendrondünger, am besten getrocknete Kuhfladen) und Regenwasser verwendet werden.

Wandelröschen

(*Lantana camara*)

Blütezeit: Sommer, Blüten gelb, orange, rot, weiß. Standort: Sonne.
Überwinterung: kühl – hell oder dunkel.
Wuchshöhe: etwa 1,50 m.

Der Name bezieht sich darauf, dass die Einzelblüten des Blütenköpfchens sich beim Auf- und Abblühen „wandeln", außer bei reinweißen und gelben Sorten. Wandelröschen lassen sich sehr leicht zu Hochstämmchen ziehen. Im blattlosen Zustand kann man Lantanen dunkel und kühl (5° C) überwintern. Im Sommer lieben sie einen sonnigen, aber keinen lufttrockenen Platz. Ist die Luftfeuchtigkeit zu gering (ihre Heimat ist eigentlich das tropische Amerika), werden sie oft von der Weißen Fliege befallen. Unterpflanzung mit Duftsteinrich (*Lobularia maritima*) – eine besonders robuste Pflanze, wenn sie im Halbschatten steht und nie austrocknet. Die weißen Blüten duften traumhaft.

Robuste Kübelpflanzen

Kübelpflanzen sind oft ein Synonym für Mühe und großen Aufwand. Die hier ausgewählten Pflanzen haben eines gemeinsam: Sie nehmen es hin, wenn sie einmal ein paar Tage vernachlässigt werden. Für „Wochenendflüchter“ sind diese Gewächse im Topf damit ideal – denn normalerweise ertragen Balkonblumen keine Durststrecke von zwei oder drei Tagen, wenn die Sommerhitze vom Himmel brennt. Und auch beim Überwintern sind – bis auf den etwas empfindlicheren Ölbaum – alle ganz unproblematisch.

Pflanzen für einen Balkon mit „robusten Kübelpflanzen“

1 Olivenbaum, Ölbaum (Olea europaeum)
2 Kerzenstrauch (Senna didymobotrya)
3 Gewürzrinde (Senna corymbosa)
4 Korallenstrauch (Erythrina crista-galli)
5 Hanfpalme (Trachycarpus fortunei)
6 Palmlilie (Yucca baccata)
7 Feige (Ficus carica)
8 Lorbeer (Laurus nobilis)

WÄHLEN NACH LUST UND LAUNE!

„Robuste Kübelpflanzen“

- [ ] **Olivenbaum, Ölbaum (Olea europaeum)**
  Ein Olivenzweig, in die Erde gesteckt, wird zum Baum. Das symbolische Bild in der Bibel spiegelt die Wuchskraft wider. Einzige Vorliebe: ein sehr kühler und sehr heller Standort im Winter.

- [ ] **Kerzenstrauch (Senna didymobotrya), Gewürzrinde (Senna corymbosa)**
  Die beiden Sträucher sind eine Augenweide. Die eine mit den gelben Blütenkerzen, die andere mit regelrechten Blütenwolken ganz in Gelb.

- [ ] **Korallenstrauch (Erythrina crista-galli)**
  Die robusteste Kübelpflanze, die es gibt: Ein scheinbar vertrockneter Stamm erwacht im Frühjahr und bekommt mächtige Triebe mit eindrucksvollen Blüten.

- [ ] **Hanfpalme (Trachycarpus fortunei)**
  Frost im Frühjahr oder Spätherbst kann dieser Palme nichts anhaben. Stellenweise soll sie auch mehr als die „amtlichen“ 13 Grad Minus ertragen haben.

- [ ] **Palmlilie (Yucca baccata)**
  Yucca gibt es viele, aber die Art Y. baccata ist die robusteste. Die blaugrünen Blätter mit ihren dornenartigen Spitzen (am besten abschneiden) sind extrem frost- und hitzefest.

- [ ] **Feige (Ficus carica)**
  Frisch geerntete Feigen wird es nicht allzu oft geben, aber möglich ist es. Vor allem dann, wenn das Überwinterungsquartier sehr hell ist. Je früher die Feige zu wachsen beginnt, desto größer sind die Chancen.

- [ ] **Lorbeer (Laurus nobilis)**
  Ob als Kugelbäumchen oder als Pyramide – der Lorbeer ist die ideale Pflanze für den Schnitt. Auch hier gilt: kühl und hell im Winter, und die Pflanze wächst und wächst und wächst.

Yucca sind besonders wuchskräftig – manchmal zu stark, so dass sie kräftig geschnitten werden müssen. Die abgeschnittenen Teilstücke können in Wasser oder auch in einem Sand/Erde-Gemisch rasch bewurzelt werden.

Tipp

Nicht alle robusten Kübelpflanzen, wie sie hier angeführt sind, werden auf einem Balkon Platz finden. Versuchen Sie es einmal mit einer kleinen Auswahl und ergänzen Sie dann nach Lust und Laune.

Robuste Kübelpflanzen – im Detail

Olivenbaum, Ölbaum

(*Olea europaeum*)

Blütezeit: Juli bis August, kleine cremeweiße Blüten.
Standort: vollsonnig.
Überwinterung: kühl, hell.
Wuchshöhe: bis zu 3 m – je nach Topf und Schnitt.

Lehmige, durchlässige Gartenerde und ein heißer Standort, dann fühlt sich der Olivenbaum wohl. Früchte wird er in unserem Klima dennoch nicht ansetzten. Das größte Problem ist die Überwinterung.
Die Olive verträgt einige Minusgrade und sollte deshalb so spät wie möglich ein- und so früh wie möglich ausgeräumt werden.

Tipp

Die Frosthärte von Kübelpflanzen ist nicht exakt einzustufen. Vor allem im Frühjahr kann eine sonst recht robuste Pflanze leicht abfrieren, wenn sie zu warm überwintert wurde. Solche verwöhnten Pflanzen sollten erst langsam an die raueren Außentemperaturen gewöhnt werden.

Kerzenstrauch

(*Senna didymobotrya*)

Gewürzrinde

(*Senna corymbosa*)

Blütezeit: Juli bis September – oft bis in den Winter, Blüten gelb.
Standort: volle Sonne.
Überwinterung: kühl.
Wuchshöhe: bis zu 2 m – gut schnittverträglich.

Beide Arten erweisen sich als dankbare, reichblühende Pflanzen, die uns, wenn sie von ihrem sonnigen Standort im Sommer rechtzeitig vor den ersten kalten Nächten im Herbst in ein helles Winterquartier gebracht werden, noch lange, bis über Weihnachten, mit Blüten erfreuen werden. In diesem Fall sollte die Temperatur um die 15° C liegen. Danach kann man die Gewürzrinde bei 8-10° C und den Kerzenstrauch nicht unter 12° C weiter überwintern. Beide Arten können die Blätter abwerfen.
Ein kräftiger Rückschnitt vor dem Neuaustrieb im Frühjahr bringt einen etwas verzögerten Blühbeginn mit sich, da sich die Blütenstände stets am Ende von Neutrieben bilden, dafür aber umso kompaktere Pflanzen.

Olivenbaum, Ölbaum

Kerzenstrauch

Korallenstrauch

Hanfpalme

Palmlilie

Lorbeer

Feige

Auch bei Kübelpflanzen kann man die praktischen Langzeitdünger verwenden.

Korallenstrauch

(*Erythrina crista-galli*)

Blütezeit: Juli bis September, rote Blüten.
Standort: volle Sonne.
Überwinterung: kühl und dunkel.
Wuchshöhe: kann kompakt gehalten werden – etwa 1 m.

Diese Pflanze gehört zu den auffallendsten und eigenwilligsten Gewächsen aus den Tropen (Brasilien, Bolivien, Paraguay, Argentinien). Schon Mitte des 18. Jahrhunderts ist sie zu uns nach Europa gekommen. Wegen ihrer Blütenform nannten sie die Spanier „cresta del gallo", also roter Hahnenkamm. Über den Sommer an einen sonnigen, warmen Platz gestellt, benötigt er regelmäßige flüssige Zusatzdüngung, um reichlich Blüten anzusetzen. Über den Winter kann er kühl (5-10° C) und dunkel stehen, da er zu dieser Zeit blattlos ist. Von diesem Korallenstrauch gibt es auch eine Zwergform 'Compacta', die auch im blattlosen Zustand im Winter etwas wärmer stehen sollte (12° C). Von Frühjahr bis Herbst bringt diese bei guter Ernährung zwei bis drei Blütenschübe und ist somit wesentlich reichblühender als die Art selbst.

Hanfpalme

(*Trachycarpus fortunei*)

Blütezeit: irrelevant.
Standort: Sonne bis leichter Schatten.
Überwinterung: kühl und hell.
Wuchshöhe: lässt sich nicht schneiden und wird im Topf bis zu 4 m hoch.

Palmen bringen südländisches Flair in unsere Gärten. Doch nicht jede Palmenart verträgt während des Sommers im Garten einen sonnigen Standort. Aus der Vielzahl von Palmen eignen sich bei uns die Hanfpalme und die Washingtonia (*W. filifera*). Besonders kälteresistent ist die Hanfpalme, deren Wurzeln und Vegetationsspitzen bis –6° C vertragen. Auf Grund dieser hohen Kälteresistenz wird sie auch als letzte ins Winterquartier gebracht.

Palmlilie

(*Yucca baccata*)

Blütezeit: August bis September, cremeweiße große Blütenstände.
Standort: vollsonnig.
Überwinterung: hell, kühl, kaum gießen.
Wuchshöhe: lässt sich gut schneiden – etwa 3 m.

Die *Yucca* gibt es auch als Stauden, die sogar in unserem Klima frostfest sind. Die Kübelpflanzen müssen aber den Winter über ins Haus. In der Wachstumszeit reichlich gießen und düngen.

Lorbeer

(*Laurus nobilis*)

Blütezeit: April bis Mai.
Standort: sonnig bis halbschattig.
Überwinterung: hell und kühl.
Wuchshöhe: ideal für den Schnitt – jede Höhe möglich.

Die Bäumchen und Sträucher lassen sich in allen möglichen Formen schneiden. Beim Rückschnitt keine Blätter beschneiden, da sonst unschöne braune Ränder entstehen. Der Lorbeer benötigt im Sommer reichlich Wasser und alle 14 Tage Dünger. Er sollte nur alle vier oder fünf Jahre umgetopft werden.

Feige

(*Ficus carica*)

Blütezeit: irrelevant. Standort: sonnig.
Überwinterung: kühl und hell; auch dunkel ist möglich. Wuchshöhe: gut schnittverträglich – etwa 2 bis 3 m.

Die robuste Feige kann bei gutem Wetterschutz an einem geschützen Platz ohne Staunässe sogar ausgepflanzt werden. Im Topf gedeiht die Feige ebenfalls recht gut, wenn sie möglichst zeitig ausgeräumt und möglichst spät ins Winterquartier eingeräumt wird. Sie verträgt Frost bis etwa –10° C. Auf dem Balkon entwickelt diese Pflanze zwar meist ohnehin keine Früchte, die Voraussetzung dafür ist aber eine selbstfruchtende Sorte.

Hitparade

der Faulenzerpflanzen – Traum vom Süden

FAULENZER-WERTUNG	PFLANZE	BLÜTEZEIT BLÜTENFARBE	WUCHSHÖHE	PFLEGE
✿✿✿✿✿	**Korallenstrauch** (*Erythrina crista-galli*)	VII bix IX rot	etwa 1 m	
✿✿✿✿✿	**Palmlilie** (*Yucca baccata*)	VIII bis IX cremeweiß	etwa 3 m	
✿✿✿✿	**Gewürzrinde** (*Senna corymbosa*)	VI bis IX gelb	bis zu 2 m	
✿✿✿✿	**Hanfpalme** (*Trachycarpus fortunei*)	–	bis zu 4 m	
✿✿✿✿	**Kerzenstrauch** (*Senna didymobotrya*)	VI bis IX gelb	bis zu 2 m	
✿✿✿✿	**Lorbeer** (*Laurus nobilis*)	IV bis V gelblich, unscheinbar	ideal für den Schnitt – jede Höhe möglich	
✿✿✿✿	**Oleander** (*Nerium oleander*)	VI bis IX rot, rosa, weiß, gelb	bis zu 2 m	
✿✿✿	**Kanaren-Dattelpalme** (*Phoenix canariensis*)	–	3 bis 4 m	
✿✿✿	**Feige** (*Ficus carica*)	–	etwa 2 bis 3 m	
✿✿✿	**Olivenbaum, Ölbaum** (*Olea europaeum*)	VII bis VIII cremeweiß	bis zu 3 m	
✿✿✿	**Schmucklilie** (*Agapanthus praecox*)	VII bis VIII blau oder weiß	etwa 70 cm	
✿✿✿	**Wandelröschen** (*Lantana camara*)	Sommer gelb, orange, rot, weiß	etwa 1,50 m	
✿✿	**Orangen-, Zitronen- und Mandarinenbäumchen** (*Citrus spp.*)	mehrmals im Jahr weiß	etwa 1 bis 2 m	
✿	**Zylinderputzer** (*Callistemon viminalis* 'Captain Cook')	V bis VI rot	etwa 2 m	

KÜBELPFLANZEN-PFLEGE-PLAN

FRÜHJAHR

Viele Kübelpflanzen vertragen leichten Frost – daher werden sie bereits im April aus dem Winterquartier geholt. Allerdings nur dann, wenn der Überwinterungsraum auch wirklich kühl war. Verwöhnte Pflanzen vertragen keine Kälte.

Das Frühjahr ist auch der ideale Zeitpunkt zum Umpflanzen. In den ersten Jahren wählt man dafür jeweils einen größeren Topf. Später wird nur der Wurzelballen verkleinert und in die selbe Topfgröße gepflanzt. Ideales Werkzeug dafür: eine alte Bogensäge.

SOMMER

Ausreichendes Wässern ist die wichtigste Arbeit – je nach Pflanzenart sollte auf den Kalkgehalt des Wassers geachtet werden. Citrusgewächse vertragen keinen Kalk, Oleander dagegen brauchen ihn! Regelmäßiges Düngen sorgt für kräftiges Wachstum. Auf Schädlingsbefall ist zu achten.

HERBST

Im Spätsommer wird das Düngen eingestellt. Wer einen „kalibetonten" Dünger (z. B. „Tomatendünger") zur Verfügung hat, sollte diesen zwei bis drei Mal verwenden. Der Nährstoff Kali sorgt für ein Ausreifen der Triebe. Kurz vor dem Einräumen der Pflanzen sollte das Wässern gänzlich eingestellt werden – erstens um das Gewicht der Töpfe zu reduzieren, zweitens um das Wachstum einzudämmen und Fäulnis an den Wurzeln zu verhindern.

WINTER

Die Suche nach dem idealen Überwinterungsraum ist am schwierigsten: Wintergarten, Stiegenhaus, Keller ... – oder vielleicht doch ein Gewächshaus? Ein ungeeigneter Überwinterungsraum ist meist die Ursache für ein Siechtum der Pflanzen. Optimal wäre ein sehr heller, aber auch sehr kühler Raum. Wintergärten und Glashäuser sollten mit automatischer Lüftung und Schattierung ausgestattet sein, wobei über einen Thermostat die optimale Heiztemperatur für die Pflanzen geregelt wird. Kellerräume sind dann ideal, wenn sie wirklich kühl (8-10°C) sind – fehlendes Licht kann mit einer elektrischen Zusatzbeleuchtung ausgeglichen werden. Geeignet sind dafür die speziellen Pflanzenleuchten oder – viel billiger – Leuchtstoffröhren der Farbe „Cool White" (das ist die Standardfarbe). Bei einer Stärke von 58 W kann man gut einen Quadratmeter ausreichend beleuchten – bei einer Brenndauer von etwa sieben bis zehn Stunden.

Das Gießen richtet sich vorwiegend nach Temperatur und Blattmasse der Pflanze sowie dem Verhältnis Topfgröße zu Wurzelmasse. Pflanzen in zu kleinen Töpfen wird man öfters gießen müssen, ebenso solche, die in wärmeren Überwinterungsräumen stehen. Ganz wichtig ist das Lüften der Räume, denn die Pflanzen benötigen ständig Kohlendioxid für die Assimilation und Sauerstoff für die Atmung.

Obst *und* Gemüse

Schlaraffenland auf Erden

Tipp

Kleine Schritte sind für alle Neueinsteiger wichtig. Die Vorschläge auf den folgenden Seiten sind so gestaltet, dass der Aufwand relativ gering bleibt und es trotzdem Freude über die Ernte gibt.

Balkon und Terrasse sind das Schlaraffenland auf Erden. Erdbeeren wachsen aus den Ampeln, die Gurken klettern das Balkongeländer entlang. Und die besonders schmackhaften Kirschtomaten stehen in einem großen Blumentopf gleich neben dem Liegestuhl. Nur ernten muss man sie noch selbst. Ob Balkon in der 2. Etage oder Terrasse im 26. Stock: Obst und Gemüse lassen sich überall ganz leicht ziehen, und der Lohn für's Pflanzen, Gießen und Düngen ist köstliches und vitaminreiches Gemüse – frei von jeglichem Gift und anderer Chemie. Denn eines sollte für jeden gelten, der sich der Gartenlust in luftiger Höhe hingibt: An meine Tomate kommt nichts als Wasser und Natur! Bei Balkonblumen und Kübelpflanzen kann man ein wenig großzügiger sein und die Grenzen zwischen „bio" und „Chemie" etwas gelassener sehen – auf dem Gemüse-, Obst- und auch

Erntefrische Kartoffeln sind eine Köstlichkeit – im Kartoffeltopf lassen sie sich platzsparend ziehen.

Kräuterbalkon ist das aber anders: Die Erde wird – mangels Verfügbarkeit eines Ersatzes – zum Teil noch aus der Packung kommen. Aber: Jeder hat Freunde mit einem Garten, und da kann man sich sicherlich ein wenig Kompost erschnorren. Dazu noch etwas Erde vom Maulwurfshügel – gesammelt beim Sonntagsspaziergang – und dazu Hornspäne als biologischer Langzeitdünger. Für „Faule“ sei das nichts, meinen Sie? Da haben Sie recht. Aber was auf den Teller kommt, ist mehr wert als die Bequemlichkeit. Denn jeder, der Freude daran hat, seine Nahrungsmittel selbst zu erzeugen, wird in diesem Punkt nur eines sein, nämlich „intelligent“. Sehen, wo und wie es wächst, öffnet auch die Augen: Als Konsument wird man rasch erkennen, dass nicht die billigsten Nahrungsmittel die besten sind. „Lebens“-mittel zu schaffen ist eben mehr!

Tipp

Der Kartoffeltopf

Eine Mischung aus Kompost und Erde wird in einem Holzfass schichtweise aufgebracht. Zuerst eine Lage Substrat, dann eine Lage Saatkartoffeln. Sind die Triebe etwa 20-30 cm hoch, wird angehäufelt. Es entwickeln sich wieder Triebe, die ebenfalls angehäufelt werden. Keine weiteren Kartoffeln legen! So entsteht auf kleinstem Raum eine große Menge Kartoffeln.

Gemüse in bunter Vielfalt mit Blumen – hier der Kapuzinerkresse – sorgt auch für Dekoration.

Und so wird die Oase auf dem Balkon nicht nur für die Eltern, sondern auch für Kinder zum begehbaren Lehrbuch: wie Gurken wachsen, wie Tomaten reifen, wie Himbeeren sich langsam, aber sicher zu Früchten entwickeln – und nicht im Tiefkühlregal des nächsten Supermarktes wachsen ...

Paradiesische Himmelsstürmer

Paradiesäpfel oder Paradeiser werden in manchen Regionen die Tomaten genannt. Paradiesisch wird es, wenn sie auf dem Balkon wachsen, denn wie alle Blütenpflanzen gedeiht auch Gemüse auf Balkon und Terrasse. Bei sorgsamer Pflege lassen sich trotz der extremen Wachstumsbedingungen sehr gute Erfolge erzielen. Am besten geeignet für den Ausflug in die luftige Höhe sind natürlich jene Pflanzen, die von Haus aus gerne warme Plätzchen haben – zum Beispiel Tomaten, Gurken und viele Kräuter.

Das brauchen Sie für einen Balkon mit „paradiesischen Himmelsstürmern“

Blumentöpfe – Durchmesser ca. 50 cm, 2 Stk.
Balkonkasten – ca. 30 cm tief, 30 cm breit und 80–100 cm lang mit Rankgerüst aus Bambusstäben

1 Tomate (z. B. Lycopersicum esculentum 'Balkonstar'), 1 Stk.
2 Gurke (z. B. Cucumis sativus 'Bush Champion F1'), 1 Stk.
3 Kapuzinerkresse (Tropaeolum 'Tip Top Scarlet'), 1 Stk.

Kräuter:
4 Strauch-Basilikum (Ocimum 'Magic Blue'®), 1 Stk.
5 Petersilie (Petroselinum crispum), 1 Stk.
6 Schnittlauch (Allium schoenoprasum), 1 Stk.
7 Feuer-Bohne (Phaseolus coccineus), Samen

PFLANZPLAN

für einen Balkon mit „paradiesischen Himmelsstürmern“

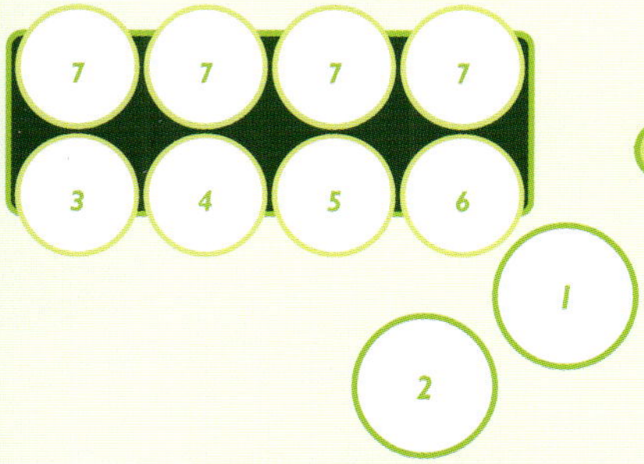

1 **Tomate (Lycopersicum esculentum 'Balkonstar')**
Die kompakte Wuchsform dieser Tomate macht sie für den Balkon so interessant. Man muss sich weder um das Ausgeizen kümmern noch um einen allzu massiven Stab.

2 **Gurke (Cucumis sativus 'Bush Champion F1')**
Gerade diese Gurkensorte ist ideal für Balkon-Gärtner. Sie wächst schnell, kompakt und hat kleine Früchte. Da sie nicht rankt, ist sie auch auf dem Balkon zu bändigen.

3 **Kapuzinerkresse (Tropaeolum 'Tip Top Scarlet')**
Bei dieser Pflanze ist alles perfekt: leichter Duft der Blüten, herrliche Farben und dazu noch kompakter Wuchs. Für den Salat sind die zarten Blätter ebenso geeignet wie die Blüten.

4 **Strauch-Basilikum (Ocimum 'Magic Blue'®)**
Robust, nicht empfindlich und dazu auch noch sehr dekorativ: So präsentiert sich das Strauchbasilikum, das seit einigen Jahren für Furore sorgt.

5 **Petersilie (Petroselinum crispum)**
Empfehlenswert ist hier der Kauf von kleinen Töpfen mit vorgezogener Petersilie. Samen keimen nämlich sehr langsam.

6 **Schnittlauch (Allium schoenoprasum)**
Kauft man, wie die Petersilie, als Stöcke. Damit der Schnittlauch kräftig wächst, sind drei Dinge zu beachten: 1. ab Mitte August nichts mehr abschneiden, 2. immer kräftig biologisch düngen, 3. den Wurzelstock gut durchfrieren lassen.

7 **Feuer-Bohne (Phaseolus coccineus)**
Diesen Pflanzen kann man beim Wachsen zusehen. Für Kinder ist es ein großer Spaß, Bohnen zu säen. Als Sichtschutz perfekt geeignet. Die Blüten sind schön, und die Bohnen schmecken auch.

Tomaten gibt es so viele verschiedene, dass der Überblick schwer fällt. Ob Sie es mit den neuen Züchtungen wie der Balkontomate versuchen oder die uralten Sorten wählen: Um diesen lukullischen Balkonschmuck wird man Sie beneiden.

Für die Feuer-Bohne als Sichtschutz kann die Fertigerde gleich im Sack verwendet werden. Ganz bequem ist es, den Erdsack flach auf den Boden zu legen und ein „Fenster“ auszuschneiden. Da hinein können dann die Bohnen direkt gesät werden.

Paradiesische Himmelsstürmer – im Detail

Tomate

(*Lycopersicum esculentum*
'Balkonstar')

Auspflanzung: etwa Mitte Mai.
Ernte: ab etwa Ende Juni.
Standort: volle Sonne.

Wie heißt es so schön: Die Ersten werden die Letzten sein. Also die kleinen Tomatenpflanzen nicht zu früh kaufen – denn Kälte bremst diese enorm wärmeliebende Pflanze gleich mehrere Tage. Nicht veredelte Pflanzen (sie sind billiger) sollten möglichst tief gepflanzt werden. Entfernen Sie die unteren beiden Blätter und setzen Sie die Pflanze um gute 5-10 cm tiefer in die Erde, als sie zuvor gestanden hat. Das wird die Wurzelbildung fördern. Der einzige Schädling, der lästig werden könnte, ist die Weiße Fliege. In regenreichen Jahren kann es Probleme mit der Kraut- oder Braunfäule geben. Diese Krankheit tritt aber nur auf, wenn die Blätter nass werden. Daher niemals über die Blätter gießen. Unbedingt vor direktem Regen schützen.

Gurke

(*Cucumis sativus*
'Bush Champion F1')

Auspflanzung: etwa Mitte Mai.
Ernte: ab etwa Ende Juni.
Standort: volle Sonne.

Gurken werden oft als fertige Jungpflanzen angeboten. Wer gar keine Mühe haben will, wählt diese Form. Das Aussäen ist aber gerade bei Gurken ganz einfach und geht sehr schnell. Achten Sie beim Saatgutkauf genau auf die Sorte – manche Gurken sind für den Balkon ungeeignet. Diese hier rankt nicht und wächst kompakt. Gurken benötigen sehr viele Nährstoffe. In den ersten Wochen werden die Hornspäne, die man in die Erde mischt, ausreichen. Später sollte man mit biologischem Flüssigdünger nachdüngen. An Krankheiten können Weiße Fliege und Spinnmilben auftreten. Letztere vor allem dann, wenn der Standort zu heiß und trocken ist.

Tipp für Experten

Veredelte Pflanzen sind besser. Sie wurden auf besonders wurzelstarke Wildsorten von Kürbis (für Gurke) und Tomate aufgepfropft. Diese Pflanzen dürfen keinesfalls zu tief gesetzt werden, da ansonsten die Edelsorte zu wurzeln beginnt und die anderen Wurzeln absterben.

Tomate

Gurke

Kapuzinerkresse, nicht rankend

Strauch-Basilikum

Petersilie

Schnittlauch

Feuer-Bohne

Kapuzinerkresse, nicht rankend

(*Tropaeolum* 'Tip Top Scarlet')

Auspflanzung: nach den Eisheiligen – aus Samen bereits im April ziehen. Blütezeit: ab Juni. Standort: volle Sonne oder leichter Schatten.

Zier- und Nutzpflanze in einem – das ist die Kapuzinerkresse. Die vor wenigen Jahren auf den Markt gekommenen Sorten 'Tip Top' sind optisch besonders wirkungsvoll. Die Blüten stehen über dem Laub und leuchten mit ihren roten und goldgelben Farben monatelang. Kapuzinerkresse ist aber nicht nur schön, sondern kann sogar gegessen werden. Die Blätter enthalten Senföle und schmecken sehr würzig. Deshalb bereichern junge Blättchen und die Blüten jeden Salat. Die aus Peru stammende Pflanze hat aber auch Heilkräfte; sie wurde von Medizinern als erste Pflanze zur Herstellung von Antibiotika auf natürlicher Basis entdeckt. Die Pflanze soll außerdem verjüngend und aphrodisierend wirken – aber bitte nicht überdosieren, das reizt Magen und Darm!

Schnittlauch

(*Allium schoenoprasum*)

Auspflanzung: ab März.
Ernte: sofort.
Standort: Sonne oder Halbschatten – gut düngen und feucht halten.

Der Schnittlauch gehört zur Suppe wie der Kuchen zum Kaffee. Er ist äußerst robust, benötigt aber viel Kraft – daher mit Kompost und Hornspänen düngen. Schnittlauch soll alljährlich im Herbst ausgegraben werden und mit den Wurzeln nach oben auf der Erde liegen bleiben. Im Frühjahr wird er frisch gepflanzt und wächst dann besonders gut.

Strauch-Basilikum

(*Ocimum* 'Magic Blue'®)

Auspflanzung: nach den Eisheiligen – Mitte Mai. Ernte: sofort – immer die Spitzen entfernen, damit es buschig wird. Standort: volle Sonne, Überwinterung möglich.

Mit dieser robusten Basilikumsorte gibt es keine Probleme mehr. Sie ist sogar mehrjährig. Im Winter steht sie auf der Fensterbank – nicht zu feucht und sehr kühl, dann wird auch im kommenden Jahr der betörende Duft auf den Balkon zu riechen sein. 'Magic Blue' ist ein Strauchbasilikum. Es kann sogar als Hochstamm gezogen werden. Mit seinen vielen blauen Blüten ist es eine reiche Bienenweide.

Petersilie

(*Petroselinum crispum*)

Aussaat: ab März – keimt extrem langsam, daher besser Jungpflanzen.
Ernte: sobald sich die ersten Laubblätter zeigen.
Standort: sonnig, nicht zu trocken.

Die Petersilie ist neben dem Schnittlauch das am meisten verwendete Gewürzkraut. Die Blätter werden gut 30 Zentimeter hoch. Wer auf dem Balkon ein kleines Gemüsebeet angelegt hat, sollte darauf achten, dass sie nie dort gepflanzt wird, wo im Vorjahr schon einmal Petersilie stand. Tipp für die Aussaat: Wegen der langen Keimzeit sollte eine Markiersaat beigegeben werden, zum Beispiel Radieschen.

Feuer-Bohne

(*Phaseolus coccineus*)

Aussaat: ab Mai, Blütezeit etwa 6 bis 8 Wochen später. Ernte: nach 10 Wochen.
Standort: Sonne oder leichter Schatten.

Ein Blumenkasten, Bambusstäbe und Blumendraht genügen, und schon lässt sich daraus eine grüne Wand hochziehen. Füllen Sie den Kasten mit Erde und mischen Sie sofort Hornspäne in die Erde. Rund um jeden Bambusstab werden 8 bis 10 Samenkörner in die Erde gedrückt. Schon nach einigen Wochen ist die Wand völlig begrünt. Ausreichend wässern, sonst werden die Bohnen von Spinnmilben befallen. An heißen Tagen schadet den Pflanzen auch ein Fußbad nicht.

Ein Balkon zum Naschen

Kapuzinerkresse ist eine ideale Mischkulturpflanze. Unter Obstbäumen gepflanzt, lockt sie die Läuse an, die dann nicht auf den Bäumen zu finden sind.

Bäume wachsen nicht in den Himmel, manche sind aber dem Himmel ziemlich nahe – zum Beispiel die vielen Obstbäume, die auf den Terrassen der Städte gezogen werden. Dafür eignen sich Säulen-Äpfel der Sorte 'Ballerina'. Dazu Himbeeren, Brombeeren und die Vitaminbombe Heidelbeere. Eine Überraschung für alle sind die Hänge-Erdbeeren. In eine Ampel gesetzt, baumeln einem die Früchte fast in den Mund. Und wer die ganz kleinen, aber um so köstlicheren Monats-Erdbeeren liebt, kann damit die Töpfe bepflanzen – ein ganz vorzüglicher Bodendecker. In großen Trögen können mehrere Gehölze gepflanzt werden; einfacher – schon vom Gewicht – ist es, einzelne Töpfe zu wählen.

Das brauchen Sie für einen „Balkon zum Naschen"

Blumentöpfe – Durchmesser ca. 50 cm, 2 Stk.
Balkonkasten – ca. 30 cm tief, 30 cm breit und 80-100 cm lang
Ampel, 1 Stk.
1 Säulen-Apfel 'Ballerina' (Malus domestica 'Ballerina', Sorten 'Bolero', 'Polka' und 'Waltz'), 3 Stk.
2 Himbeere (Rubus (Idaeus Grp.) 'Autumn Bliss'), 1 Stk.
3 Brombeere (Rubus (Fruticosus Grp.) 'Navaho'), 1 Stk.
4 Ananas-Erdbeere (Fragaria x ananassa 'Elan F1'), 3 Stk.
5 Monats-Erdbeere (Fragaria vesca var. semperflorens), 4 Stk.

PFLANZPLAN

für einen „Balkon zum Naschen“

1 Säulen-Apfel (Malus domestica 'Ballerina')
Sie wirken fast unnatürlich – hat man aber einmal „zugebissen“, dann weiß man, was man als Balkongärtner an diesem Apfel hat. Nicht vergessen: (biologisch) düngen, denn auch Bäume benötigen viele Nährstoffe.

2 Himbeere (Rubus (Idaeus Grp.) 'Autumn Bliss')
Und noch so ein Stern am Beerenhimmel: Keine andere Himbeere ist so robust und ertragreich wie diese. Durch die späte Blüte gibt es keine Schädlinge und damit keine wurmigen Beeren.

3 Brombeere (Rubus (Fruticosus Grp.) 'Navaho')
Kompakt und doch ertragreich ist die Sorte 'Navaho' – ideal für den Balkon oder die Terrasse. Vergessen Sie auch bei dieser Beere nicht zu düngen.

4 Ananas-Erdbeere (Fragaria x ananassa 'Elan F1')
Geschmack: fantastisch, Wuchs: enorm, Ertrag: überwältigend – mehr ist zu dieser Erdbeere eigentlich nicht zu sagen.
Wer Glück hat, wird bis in den Oktober hinein ernten.

5 Monats-Erdbeere (Fragaria vesca var. semperflorens)
Die köstlichsten Früchte, die es gibt. Kaum sind sie gepflanzt, beginnen sie auch schon zu blühen und fruchten – und das ein ganzes Balkon-Gartenjahr lang. Die kleinen roten Beeren erinnern nicht nur im Aussehen, sondern auch im Geschmack an Walderdbeeren.

„Naschobst“ benötigt ausreichend Wasser und Dünger: Die Versorgung der Pflanzen mit flüssigem Biodünger (wöchentlich, ab Ende April) und regelmäßiges Gießen verhindern das Abfallen der unreifen Früchte.

Tipp

Als Pflanzsubstrat eignet sich herkömmliche Blumenerde (etwa 2/3), die aber unbedingt mit Gartenerde (etwa 1/3) vermischt werden sollte. Auch Kompostzusätze (pro 40 cm Blumentopf etwa 3 Handvoll) und Hornspäne (etwa 1 Handvoll) sowie Gesteinsmehl (ca. 1/2 Handvoll) sollten untergemischt werden, das sorgt für ausgewogene Ernährung der Bäume im Topf.

Ein Balkon zum Naschen – im Detail

Säulen-Apfel
(*Malus domestica* 'Ballerina')

Blütezeit: Anfang Mai.
Ernte: August/September.
Standort: volle Sonne, leichter Schatten.
Wuchshöhe: bis zu 3 m – wächst aber sehr langsam.

Die schlanken Apfelbäume bilden praktisch nur einen Stamm und fruchten schon im zweiten, spätestens im dritten Jahr. Säulenäpfel dürfen nicht geschnitten werden. An Sorten gibt es: 'Bolero' – grüne Frucht; 'Polka' – rot-grüne Frucht; 'Waltz' – dunkelrot-grüne Lagerfrucht; 'Maypole' – roter Zierapfel. Die 'Ballerinas' erreichen einen Durchmesser von nicht mehr als 30 cm und können im Topf etwa 2,50 m hoch werden. Einziges Problem könnte die Überwinterung sein: Entweder transportiert man alle Topfobstbäume in einen frostfreien, aber sehr kalten Raum (Garage, Vorhaus – es darf nicht wärmer als +2 bis 3° C sein), oder die Töpfe werden in eine Ecke der Terrasse auf dicke Schaumstoffplatten gestellt und mit Schilfmatten eingepackt. So überstehen die Bäume meist auch den strengsten Winter.

Ananas-Erdbeere
(*Fragaria* x *ananassa* 'Elan F1')

Blüte- und Erntezeit: ab Juni bis Oktober.
Standort: Sonne, Halbschatten.
Wuchshöhe: 20 bis 25 cm.

Diese Erdbeere ist im Wachstum und im Aroma ein Hit. Im April/ Mai in nahrhafte, gut gedüngte Erde gepflanzt, wächst sie ganz hervorragend, wird kaum krank und hat Früchte mit einem sehr guten Geschmack. 'Elan F1' lässt sich besonders gut in einer großen Ampel ziehen. Die „immertragenden" Pflanzen blühen und fruchten vom Frühjahr bis zum Herbst.

Tipp *für Experten*

Viele Krankheiten lassen sich im Garten schwer bekämpfen, weil es durch abgefallenes Laub im folgenden Jahr zu einer Neuinfektion kommt. Auf dem Balkon ist die Bekämpfung leichter: Alle – vor allem kranke – Blätter entfernen. Dies gilt im Herbst besonders für Erdbeeren.

Säulen-Apfel

Ananas-Erdbeere

Monats-Erdbeere

Himbeere

Brombeere

Monats-Erdbeere

(*Fragaria vesca* var. *semperflorens*)

Blüte- und Erntezeit: ab Mai.
Standort: leicht schattig.
Wuchshöhe: etwa 20 cm.

So klein diese Erdbeeren sind, so grandios ist ihr Geschmack. Gepflanzt wird im März/April. Ähnlich ihren Vorfahren, den Walderdbeeren, lieben sie humusreichen Boden, der immer leicht feucht ist. Und weil sie das ganze Jahr über blühen und fruchten, sind sie auch für regelmäßiges Düngen dankbar – am besten mit flüssigem Biodünger und Hornspänen als biologischem Langzeitdünger.

Himbeere

(*Rubus* (Idaeus Grp.) 'Autumn Bliss')

Ernte: noch im selben Jahr.
Standort: volle Sonne, leichter Schatten.
Wuchshöhe: bis zu 2 m – im Topf meist niedriger.

Himbeeren waren ursprünglich Waldrandpflanzen, daher lieben sie eine eher „saure Bodenreaktion“. Beim Pflanzen sollte daher etwas Rindendekor als Drainageschicht und zur Abdeckung verwendet werden. Ständige Bodenfeuchte wirkt sich gut auf das Wachstum der Pflanzen aus. Bei der Sorte 'Autumn Bliss' ist der Schnitt einfach: Nach der Ernte im Spätherbst (meist nach dem ersten starken Frost) werden alle Triebe bodeneben abgeschnitten. Die neuen Triebe blühen im Sommer und tragen ab August Früchte.

Brombeere

(*Rubus* (Fruticosus Grp.) 'Navaho')

Ernte: von Juli bis Oktober.
Standort: volle Sonne, leichter Schatten.
Wuchshöhe: bis zu 2 m lange Triebe, im Topf meist viel kleiner.

Diese Brombeere ist in mehrerlei Hinsicht interessant: Die Beeren sind sehr groß, äußerst aromatisch, und vor allem ist die Pflanze dornenlos. Brombeeren entwickeln ein enormes Wachstum und müssen daher regelmäßig geschnitten werden. Durch die relativ kompakte Wuchsform dieser Sorte lässt sie sich auf dem Balkon ziehen.

Brombeeren sind eine Köstlichkeit. Lassen Sie die Früchte möglichst lange reifen, dann schmecken sie besonders süß.

Himbeeren lassen sich hervorragend einfrieren. Eine Delikatesse für lange Winterabende.

Vitamin-Balkon

Obst und Gemüse sind Lebensmittel, die frisch geerntet die meisten Vitamine und das beste Aroma haben. Was liegt da näher als diese Energiequelle auf dem Balkon oder der Terrasse zu ziehen? Jeder wird seine Favoriten haben. Der Vorschlag zeigt, wie auch auf einem ganz kleinen Balkon eine große Vielzahl an Gemüse- und Obstsorten gezogen werden kann.

Das brauchen Sie für einen „Vitamin-Balkon"

Ton- oder Plastik-Blumenkasten, 50 x 30 x 30 cm, 1 Stk.
Blumentöpfe mit mindestens 40 cm Durchmesser, 2 Stk.
Ampeln, 2 Stk., Bambusstäbe, 3 Stk.

Im Blumenkasten:
1 Himbeere (Rubus (Idaeus Grp.) 'Autumn Bliss'), 1 Stk.
2 Säulen-Apfel (Malus domestica 'Ballerina Waltz'), 1 Stk.
3 Brombeere (Rubus (Fruticosus Grp.) 'Navaho'), 1 Stk.
4 Monats-Erdbeere (Fragaria vesca var. semperflorens), 5 Stk.

Blumentopf 1:	*5 Cocktail-Tomate (Lycopersicum esculentum 'Picolino F1'), 1 Stk.*
	6 Paprika (Capsicum annuum 'Pinokkio F1'), 1 Stk.
Blumentopf 2:	*7 Gurke (Cucumis sativus 'Printo F1'), 1 Stk.*
Ampel 1:	*8 Ananas-Erdbeere (Fragaria x ananassa 'Elan F1'), 1 Stk.*
Ampel 2:	*9 Tomate (Lycopersicum esculentum 'Tumbler F1'), 1 Stk.*

Tipp

Auf dem richtigen Vitamin-Balkon darf natürlich der Kräuterkasten nicht fehlen. Ein Kasten (100 cm lang) mit Schnittlauch, Basilikum, Petersilie, Knoblauch und Rucola ergänzt das Angebot perfekt.

PFLANZPLAN

für einen „Vitamin-Balkon“

1 **Himbeere (Rubus (Idaeus Grp.) ‘Autumn Bliss’)**
In welcher Kombination auch immer: Die herbsttragenden Himbeeren sind einfach ideal, da sie auf den einjährigen Trieben wachsen – so gibt es auch keine Schnittprobleme.

2 **Säulen-Apfel (Malus domestica ‘Ballerina Waltz’)**
Probieren geht über Studieren – auf einem solchen bunten Vitamin-Balkon darf der Säulenapfel einfach nicht fehlen. Einzig auf Blattläuse achten – die können lästig sein.

3 **Brombeere (Rubus (Fruticosus Grp.) ‘Navaho’)**
Bis in den Herbst hinein erntet man von dieser Brombeere. Und auch der Schnitt ist einfach: Alle alten, abgetragenen Triebe abschneiden. Wenn die Brombeere zu stark wächst, einfach zurückschneiden.

5/9 **Tomate (Lycopersicum esculentum) – Cocktail-Tomate ‘Picolino F1’ und Ampel-Tomate ‘Tumbler F1’**
Beide Tomaten gehören eigentlich unabhängig voneinander auf den Balkon. Bei der einen erntet man in Kniehöhe, bei der anderen in Augenhöhe. Der Geschmack von ‘Picolino F1’ ist vielleicht noch ein wenig besser – aber am besten, man probiert es selbst aus.

6 **Paprika (Capsicum annuum ‘Pinokkio F1’)**
Ab Mitte Mai werden die Paprika an die sonnigste Stelle gepflanzt. Dieses Gemüse benötigt viel Dünger und sehr viel Wasser. Achten Sie auf die vielen verschiedenen Sorten – bewährt haben sich auch andere wie ‘Cartago’, ‘Goldflame’, ‘Narobi’, ‘Monte’ und ‘Toscana’.

7 **Gurke (Cucumis sativus ‘Printo F1’)**
Ein echter Platzsparer ist diese Gurke und ideal für Single-Haushalte oder Kleinfamilien. Die Mini-Schlangengurke ist robust, die Früchte sind sehr aromatisch.

8 **Ananas-Erdbeere (Fragaria x ananassa ‘Elan F1’) und**
4 **Monats-Erdbeere (Fragaria vesca var. semperflorens)**
Beide Erdbeeren sind unverzichtbar: Monats-Erdbeeren sind ein echtes Naschobst, die Ampel-Erdbeere wird wahrscheinlich zum Magneten für die ganze Familie – so saftig und geschmackvoll sind die Früchte.

Die Früchte von Tomaten platzen manchmal auf. Das ist keine Krankheit, sondern ein Fehler in der Pflege, wenn die Pflanze nicht gleichmäßig mit Wasser versorgt wird.

Tipp für Experten

Gurken benötigen besonders viele Nährstoffe und haben eine Vorliebe: Pferdemist. Da normalerweise auf dem Balkon keine Pferdeäpfel zu finden sind, ein Vorschlag: Beim Sonntagsausflug einige dieser „Düngerkugeln“ in einem dicken Papiersack sammeln, samt Verpackung auf den Boden des Gurkentopfes legen und darüber die Erde geben. Sie werden sehen, wie die Pflanze wächst.

Vitamin-Balkon – im Detail

Himbeere

(*Rubus* (Idaeus Grp.) 'Autumn Bliss')

Ernte: noch im selben Jahr.
Standort: volle Sonne, leichter Schatten.
Wuchshöhe: bis zu 2 m – im Topf meist niedriger.

Lange nach der üblichen Himbeer-Zeit beginnt die Erntezeit der Herbst-Himbeere. Mit sehr vielen Vorteilen: Himbeerkäfer fliegen keine mehr, daher gibt es keine wurmigen Früchte. Und das lästige Rutensterben gibt es nicht, denn zu dieser Erkrankung kommt es nur, wenn die Triebe zwei Jahre stehen bleiben. Herbsthimbeeren werden alljährlich nach der Ernte (Ende Oktober oder – je nach Frost – noch später) bodeneben abgeschnitten. Die neuen Triebe tragen dann Früchte.

Tipp *für Experten*

Bei besonders gesunden Herbsthimbeeren können Sie den einen oder anderen Trieb bis ins nächste Jahr stehen lassen. Er wird zur normalen Himbeerzeit im Juni Früchte tragen. Tauchen erste Anzeichen von Krankheit auf, sollten die Äste aber entfernt werden.

Baumschnitt ist bei Säulenäpfeln ein absolutes Tabu. Durch den Schnitt könnte das Wachstum angeregt werden und die gewünschte Säulenwuchsform verloren gehen. Also die Schere wegsperren!

Säulen-Apfel

(*Malus domestica* 'Ballerina')

Blütezeit: Anfang Mai.
Ernte: August/September.
Standort: volle Sonne, leichter Schatten.
Wuchshöhe: bis zu 3 m – wächst aber sehr langsam.

Gezüchtet wurde er, um in der Landwirtschaft auf kleinstem Platz möglichst hohe Erträge zu erzielen. Daraus ist nichts geworden; dafür haben Balkon- und Terrassengärtner nun einen Baum, der kaum Platz beansprucht. Den Nährstoffbedarf sollte man nicht unterschätzen – mit biologischem Dünger daher im Frühjahr nicht sparen und alle drei bis vier Jahre umtopfen. Sorten: 'Bolero' – grüne Frucht; 'Polka' – rot-grüne Frucht; 'Waltz' – dunkelrot-grüne Lagerfrucht; 'Maypole' – roter Zier-Apfel.

Himbeere

Säulen-Apfel

Brombeere

Paprika

Gurke

Tomate

Ananas-Erdbeere

Brombeere

(*Rubus* (Fruticosus Grp.) 'Navaho')

Ernte: von Juli bis Oktober.
Standort: volle Sonne, leichter Schatten.
Wuchshöhe: bis zu 2 m lange Triebe, im Topf meist viel kleiner.

Brombeeren entwachsen normalerweise sehr rasch den Töpfen – diese Brombeere ist ganz anders. Aber trotzdem sind die Beeren sehr groß, äußerst aromatisch und vor allem die Pflanze dornenlos. Brombeeren müssen regelmäßig geschnitten werden. Dank ihrer relativ kompakten Wuchsform lässt sich diese Sorte auf dem Balkon ziehen.

Paprika

(*Capsicum annuum* 'Pinokkio F1')

Ernte: ab Anfang Juli.
Standort: volle Sonne.
Wuchshöhe: je nach Sorte bis zu 50 cm.

Knackige Paprika in einem Griechischen Salat – allein wenn man daran denkt, läuft einem das Wasser im Mund zusammen. Dank der Züchterarbeit sind in den letzten Jahren viele neue Sorten auf den Markt gekommen, die besonders robust und wenig krankheitsanfällig sind. Paprika lieben Wärme und Feuchtigkeit – im Boden und auch in der Luft. Damit die Pflanzen kräftig wachsen können, benötigen sie Dünger – Hornspäne und andere Biodünger sind unbedingt notwendig. Ist die Luft zu trocken, können Spinnmilben auftreten. Wer rechtzeitig vorsorgt, hat allerdings kaum Probleme.

Tomate

(*Lycopersicum esculentum*) – Cocktail-Tomate 'Picolino F1' und Ampel-Tomate 'Tumbler F1'

Ernte: ab Anfang Juli. Standort: volle Sonne.
Wuchshöhe: Cocktail-Tomate bis zu 1,50 m, Ampel-Tomate bis zu 50 cm.

Wie viele Tomaten-Sorten es gibt, kann keiner mehr sagen – es sind Hunderte. Diese beiden sind für Balkongärtner besonders interessant. Aber so wie für alle gilt: nährstoffreiche Erde (also Kompost und Hornspäne für den Start) und ein Platz, der vor Regen geschützt ist. Ausgeizen – das Entfernen der Seitentriebe bei den Blattachseln – ist bei der Cocktail-Tomate möglich, aber nicht unbedingt nötig. Die spezielle Ampel-Tomate benötigt nur Wasser, Dünger und viel, viel Sonne.

Gurke

(*Cucumis sativus* 'Printo F1')

Ernte: ab Ende Juni.
Standort: volle Sonne, leichter Schatten.
Wuchshöhe: bis max. 2 m, muss aufgebunden werden.

Mit dieser Sorte gibt es ganz bequem Mini-Aroma-Gurken für Single-Haushalte und Kleinfamilien. Die Früchte werden nur halb so groß wie die üblichen Schlangengurken. In den ersten Wochen sollten die Triebe hochgezogen und festgebunden werden. Ein ideales Rankgerüst sind drei Bambusstäbe, die wie ein Zelt aufgestellt werden.

Ananas-Erdbeere

(*Fragaria* x *ananassa* 'Elan F1')

Monats-Erdbeere

(*Fragaria vesca* var. *semperflorens*)

Ernte: ab Ende Mai.
Standort: volle Sonne, leichter Schatten.
Wuchshöhe: 25 bis 30 cm.

Erdbeeren gehören zu den aromatischsten Früchten – sie wachsen ein ganzes Gartenjahr, wie die nach Walderdbeeren schmeckenden Monats-Erdbeeren, oder fliegen einem fast in den Mund wie die Ampel-Erdbeere. Der Pflegeaufwand ist gering. Allerdings darf man beide Erdbeeren niemals austrocknen lassen, sonst gibt's lange Zeit keine Ernte mehr.

WEITERES INTERESSANTES TOPFGEMÜSE

AUBERGINE – EIERFRUCHT (Solanum melongena)
Auspflanzen ab Anfang Mai – sehr frostempfindlich. Mehrmals düngen. Achten Sie auf Spinnmilbe und Weiße Fliege. Die Ernte beginnt im August.

RADIESCHEN (Raphanus sativus)
Ideal für Ungeduldige: Ob ein alter Blumenkasten oder ein größerer Tontopf – überall gedeiht dieses würzige Gemüse. Achten sollte man auf regelmäßiges Gießen, sonst werden die Radieschen holzig. Die Ernte beginnt schon nach 3 bis 4 Wochen.

ZUCKERMAIS (Zea mays)
Der Geschmack von Süßmais ist einfach unbeschreiblich. Die Saatkörner werden ab April in kleine Töpfe gesteckt. Jungpflanzen dann abhärten und im Mai auf den Balkon. Pflanzenabstand etwa 20 cm. Sehr kräftig düngen, immer mehrere Pflanzen dicht neben einander aufstellen und regelmäßig gießen. Geerntet wird, sobald die Fäden bei den Kolben vertrocknen.

ZUCCHINI (Cucurbita pepo)
In großen Töpfen oder Kisten gedeihen diese stark wachsenden Pflanzen. Ab Mitte April in kleinen Töpfen vorkultivieren, Jungpflanzen nach den Eisheiligen ins Freie. Achtung auf Schnecken und manchmal Weiße Fliege. Geerntet werden ab Ende Juni möglichst kleine Früchte.

WEITERES INTERESSANTES BEERENOBST IN TÖPFEN

JOHANNISBEERE (Ribes rubrum)
Die Johannisbeere (österreichisch Ribisel) gehört zu den ältesten Beerenfrüchten im Hausgarten. Selbst in alten Bauerngärten fand man diese Sträucher bereits. Johannisbeeren gedeihen in größeren Töpfen und sollten an einem sonnigen Platz stehen, die Erde soll locker und humusreich sein. Die Gehölze entwickeln besonders viele Seitentriebe, wenn sie beim Pflanzen etwas tiefer eingegraben werden, als sie in der Baumschule standen. Erde mit Rindenmulch abdecken.

STACHELBEERE (Ribes uva-crispa)
Stachelbeeren werden fast genauso kultiviert wie Johannisbeeren. Sie benötigen ein sonniges Plätzchen, gedeihen aber auch noch im Halbschatten ganz gut. Auch bei ihnen sollte der Boden mit Rindenmulch abgedeckt werden. Kompost ist ebenfalls gut für diese Sträucher.
Alljährlich im Herbst sollten ältere Triebe herausgeschnitten werden, die kräftigen Jungtriebe setzen dann wieder viele Früchte an. Mehltau sorgt bei Stachelbeeren oft für totale Missernten. Im Herbst sollten bei solchen Sträuchern immer die Triebspitzen entfernt werden, denn dort befinden sich die Pilzsporen.

Auch Pfirsiche, Weintrauben, Kirschen und Aprikosen (österreichisch Marillen) lassen sich im Topf ziehen. Der große Vorteil bei der Kultur dieser empfindlichen Obstgehölze im Topf ist, dass sie bei drohendem Frost entweder leicht abgedeckt oder einfach für kurze Zeit in einen frostfreien Raum gestellt werden können.

Hitparade

der Faulenzerpflanzen – Obst und Gemüse

FAULENZER-WERTUNG	PFLANZE	PFLEGE
✿✿✿✿✿	**Säulen-Apfel** (*Malus domestica* 'Ballerina')	☼ ○ ♣ ▽
✿✿✿✿✿	**Strauch-Basilikum** (*Ocimum* 'Magic Blue')	☼ ⌂ ▽
✿✿✿✿✿	**Himbeere** (*Rubus* (Idaeus Grp.) 'Autumn Bliss')	☼ ○ ♣ ▽
✿✿✿✿✿	**Kapuzinerkresse** (*Tropaeolum* 'Tip Top Scarlet')	☼ ○ ⊠ ▼ ▽
✿✿✿✿	**Feuer-Bohne** (*Phaseolus coccineus*)	☼ ◑ ⊠ ▽
✿✿✿✿	**Brombeere** (*Rubus* (Fruticosus Grp.) 'Navaho')	☼ ○ ♣ ▽
✿✿✿✿	**Ananas-Erdbeere** (*Fragaria* x *ananassa* 'Elan F1')	☼ ○ ♣ ▽
✿✿✿✿	**Monats-Erdbeere** (*Fragaria vesca* var. *semperflorens*)	☼ ○ ♣ ▽
✿✿✿✿	**Ampel-Tomate** (*Lycopersicum esculentum* 'Tumbler F1')	☼ ⊠ ▼
✿✿✿✿	**Balkon-Tomate** (*Lycopersicum esculentum* 'Balkonstar')	☼ ⊠ ▼
✿✿✿✿	**Cocktail-Tomate** (*Lycopersicum esculentum* 'Picolino' F1)	☼ ⊠ ▼
✿✿✿✿	**Zuckermais** (*Zea mays*)	☼ ○ ⊠ ▼

FAULENZER-WERTUNG	PFLANZE	PFLEGE
✿✿✿	**Aubergine – Eierfrucht** (*Solanum melongena*)	☼ ⊠ ▼
✿✿✿	**Gurke** (*Cucumis sativus* 'Printo F1', 'Bush Campion F1')	☼ ⊠ ▼
✿✿✿	**Johannisbeere** (*Ribes rubrum*)	☼ ○ ♣ ▽
✿✿✿	**Kartoffel** (*Solanum tuberosum*)	☼ ○ ⊠ ▽
✿✿✿	**Paprika** (*Capsicum annuum* 'Pinokkio' F1)	☼ ⊠ ▽
✿✿✿	**Radieschen** (*Raphanus sativus*)	☼ ○ ⊠ ▽
✿✿✿	**Schnittlauch** (*Allium schoenoprasum*)	○ ◑ ♣ ▽
✿✿✿	**Zucchini** (*Cucurbita pepo*)	☼ ○ ⊠ ▼
✿✿	**Petersilie** (*Petroselinum crispum*)	☼ ○ ♣ ▽
✿✿	**Stachelbeere** (*Ribes uva-crispa*)	☼ ♣ ▽

Kräuter

auf Balkon und Terrasse

Viel Würze auf wenig Raum

Dekorativer kann Würze wohl nicht sein: Eine Kräutertreppe mit alten Töpfen.

Erinnern Sie sich noch an das erste Butterbrot mit kleingeschnittenem Schnittlauch? Ich habe es bei meiner Großmutter immer bekommen: Bauernbrot und Bauernbutter – und dazu die Würze aus dem Garten. Eine gute Küche ohne den Geschmack von Schnittlauch oder Petersilie ist unvorstellbar.

Vorbild Kräuterspirale

Kräuterschnecken werden angelegt, um auch auf kleinstem Raum eine große Vielfalt an würzigen Pflanzen zu kultivieren. Diese Kräuterschnecke zeigt deutlich, worauf es ankommt: auf den Standort. Es gibt eben Pflanzen, die wollen einen trockenen, nährstoffarmen Boden – sie wachsen auf der Kräuterschnecke weit oben –, am besten mit Schutt oder Steinen als Unterboden. Andere Kräuter wiederum lieben feuchten, eher nährstoffreichen Boden – sie wachsen am Fuße dieses spiralförmig angelegten Hügels, manchmal am Ufer eines kleinen Teichs. Balkongärtner werden nun keine solche Kräuterschnecke anlegen können, aber Sie sehen: Die Pflanzen haben unterschiedliche Standort-

ansprüche. Und trotzdem gilt: Wer keinen Garten besitzt, muss auf die selbstgezogenen Kräuter nicht verzichten. Ein Balkon oder auch nur eine Fensterbank genügen, um die aromatischen Pflanzen zu züchten – eben mit dem richtigen Substrat, der richtigen Erde.

Aroma im Tontopf

Viele der Kräuter kommen aus dem sonnigen Süden und lieben die Hitze. Gerade dann entwickeln die Pflanzen das intensivste Aroma. Die besten Pflanzgefäße für Kräuter sind Tontöpfe, obwohl die Pflanzen darin häufiger gegossen werden müssen. Dafür ist das Klima ausgeglichen, und es kann in den Töpfen aus Ton kaum zu Staunässe kommen, denn die wäre die Todfeindin der Kräuter. Ein Beispiel dafür ist der Rosmarin. Kauft man ihn im Frühjahr in einer Gärtnerei, dann steht er fast immer in einem Torfsubstrat – die ideale Erde für die Anzucht in großen Mengen. Auf lange Sicht überlebt der Rosmarin darin aber nicht. Er liebt steinigen, sandigen Boden, in dem fast kein Torf ist. In einer solchen Erde lebt der Rosmarin dann auch viele Jahre. Selbst den Winter wird er an einem sehr kühlen und hellen Platz in diesem Substrat überdauern.

Tipp

Für die Fensterbank

Wer keinen Balkon oder Terrasse besitzt, muss nicht auf Kräuter verzichten. Manche dieser Würzpflanzen lassen sich auch auf der Fensterbank ziehen. Besonders gut geeignet sind – wenn auch nur für kurze Zeit – Dill, Basilikum, Kresse, Melisse, Petersilie, Rosmarin, Thymian, Salbei und Schnittlauch.

Tipp

Im Zimmer überleben Kräuter im Topf nur kurze Zeit. Meist ist es zu warm, und die Pflanzen werden krank oder von Blattläusen befallen. Besser ist es, die Kräuter auf die Außenfensterbank zu stellen – sturmgesichert, versteht sich.

Die richtige Erde für Kräuter im Topf

Dank des ungebrochenen Kräuter-Booms gibt es mittlerweile schon fertige Kräutererde. Ob hier tatsächlich immer das optimale Substrat angeboten wird, darf bezweifelt werden. Mein Patentrezept daher: 1/3 Packungserde, 1/3 normale Gartenerde (evtl. von Maulwurfshügeln) und 1/3 Sand. Hornspäne als Dünger reichen völlig aus, und schon kann das Wachsen beginnen.

Kräuter für die Würze

Wer gerne kocht, kommt ohne Kräuter nicht aus. Nur welche? In der italienischen Küche – und die ist wohl zur Zeit eine der beliebtesten – darf das Basilikum nicht fehlen. Und die Rauke, Rucola, gehört ebenso dazu. Was steht dann noch einem romantischen italienischen Abend entgegen?

Vielleicht gleich direkt auf dem Balkon, dann gibt es würzigen Nachschub gleich ums Eck. Denn vielleicht schmeckt gerade der Schnittknoblauch zu diesem Essen ganz hervorragend. Noch dazu hinterlässt er keine unangenehmen Spuren, und der Abend wird zu einer italienischen Nacht …

Die „Kräuter für die Würze"

Im Blumentopf (20 cm):
1 Schnittlauch (Allium schoenoprasum), 1 Stk.

Im Balkonkasten (Länge 100 cm):
2 Petersilie (Petroselinum crispum), 1 Stk.
3 Schnittknoblauch (Allium tuberosum), 1 Stk.
4 Dill (Anethum graveolens), 1 Stk.
5 Rucola (Eruca sativa), 1 Stk.

Im Blumentopf (40 cm):
6 Basilikum (Ocimum basilicum), 3 Stk.

In einer Wasserschale (20–40 cm):
7 Brunnenkresse (Nasturtium officinale), Samen

In einer Blumenschale (20–40 cm):
8 Kresse (Lepidium sativum), Samen

PFLANZPLAN

für einen Balkon mit „Kräutern für die Würze“

1 **Schnittlauch (Allium schoenoprasum)**
Immer und überall gern gesehen – das wahrscheinlich älteste Würzkraut überhaupt. Wächst dann besonders gut, wenn man es ab Mitte August nicht mehr abschneidet.

2 **Petersilie (Petroselinum crispum)**
Ob krause Petersilie oder glatte – beide gedeihen im Kasten perfekt. Nicht vergessen: Auch Kräuter haben „Hunger“. Also ab und zu ein wenig Bio-Dünger geben.

3 **Schnittknoblauch (Allium tuberosum)**
Knoblauch-Geschmack ganz ohne Nachwehen. Sie werden es nicht glauben, aber es ist wirklich so. Der Geschmack ist enorm, der Atem bleibt „sauber“.

4 **Dill (Anethum graveolens)**
Ein nicht ganz unempfindliches Kraut, daher der Tipp: Kaufen Sie ein Töpfchen mit vorgezogenem Dill – der wächst dann wie die Feuerwehr.

5 **Rucola (Eruca sativa)**
Ein Stock mit Rucola reicht meist schon aus, und dann steht einem italienischem Dinner nichts im Wege. Vielleicht Parma-Schinken mit Parmesan und Rucola und dazu ein wenig Balsamico-Essig …

6 **Basilikum (Ocimum basilicum)**
Ein Muss auf jedem Balkon, denn was wäre der schönste Sonnenschein ohne den Duft von Basilikum? Da fehlt dann beim Genießen der Tomaten mit Mozzarella und Basilikum nur noch das Gegenüber.

7 **Brunnenkresse (Nasturtium officinale)**
Eine Würzkraft entwickeln die kleinen Blätter, die den Frühling symbolisieren. Jedenfalls für alle diejenigen, die immer im Frühjahr bei den Bächen nach Brunnenkresse gesucht haben. Ganz leicht zu ziehen.

8 **Kresse (Lepidium sativum)**
Die Einsteigerpflanze für alle Kräuterfans. Sie wächst fast über Nacht und löst in der ganzen Familie Begeisterung aus. Ideale Kinder-Pflanze!

Schnittlauch kümmert manchmal dahin und lässt sich zum Wachsen regelrecht bitten. Das Wichtigste: Schnittlauch benötigt Frost, um mit dem Wachstum wieder zu beginnen. Daher die Töpfe erst ins Haus stellen, wenn sie einmal dem Frost ausgesetzt waren. Noch ein Tipp: Kaffeesud auf die Erde streuen, das mag der Schnittlauch auch.

Tipp für Experten

Lästig ist ein Schädling, der in manchen Gegenden invasionsartig auftritt: das Lilienhähnchen. Der „rote Schnittlauchkäfer“ sollte regelmäßig abgesammelt werden. Kleine Kotklümpchen, die am Schnittlauch kleben, ebenfalls entfernen – darin sind die Larven.

Kräuter für die Würze – im Detail

Schnittlauch

(*Allium schoenoprasum*)

Aussaat: ab dem zeitigen Frühjahr.
Standort: sonnig bis halbschattig.
Wuchshöhe: 15 bis 20 cm.

Schnittlauch darf weder auf dem Gemüse- noch auf dem Kräuterbalkon fehlen! Er gedeiht perfekt im Blumentopf, Hornspäne als Dünger genügen. Ein lustiger Versuch: Lassen Sie einige Blüten stehen. Die reifen Samenstände stecken Sie dann mitsamt der Umhüllung in die Erde, und schon nach kurzer Zeit entsteht ein neuer Schnittlauchstock. Wer einen anderen Platz für den Schnittlauch sucht: Tomaten sind gute Nachbarn, Bohnen und Kohl schlechte.

Petersilie

(*Petroselinum crispum*)

Aussaat: nicht empfehlenswert, besser vorgezogene Pflanzen kaufen.
Standort: sonnig bis halbschattig.
Wuchshöhe: etwa 20 cm.

Petersilie ist wahrscheinlich eines der wichtigsten Gewürze – was wären frische Kartoffeln ohne Petersilie? Eine Petersilienpflanze zu kaufen ist sinnvoll, da die Anzucht durch Aussaat sehr lange dauert. Die Ernte sollte nicht zu früh beginnen, damit die Pflänzchen Kraft sammeln können. Zum Kopfsalat – sollten Sie auch diesen einmal vom Balkon oder der Terrasse ernten wollen – passt Petersilie nicht so gut.

Schnittknoblauch

(*Allium tuberosum*)

Aussaat: an sich ganz leicht, noch einfacher geht's mit Jungpflanzen.
Standort: sonnig. Wuchshöhe: etwa 30 cm.

Das Wunderbare am Schnittknoblauch: Er wächst ganz einfach und schnell und hinterlässt keinen unangenehmen Mundgeruch. Man wird also nicht zum Vampir-Schreck. Schnittknoblauch, auch Knolau genannt (eine der Sorten ist 'Neko'), wird wie Schnittlauch kultiviert. Er kann auch vorgetrieben werden.

Schnittlauch

Petersilie

Schnittknoblauch

Rucola

Brunnenkresse

Basilikum

Kresse

Dill

Rucola

(*Eruca sativa*)

Aussaat: ab Ende März,
Ernte beginnt nach 3 Wochen.
Standort: leichter Schatten.
Wuchshöhe: etwa 20 cm.

Rucola ist ein Salatkräutlein, das erst seit einigen Jahren bei uns so richtig in Mode gekommen ist und für das auch endlich Saatgut und auch immer häufiger fertige Jungpflanzen erhältlich sind.

Basilikum

(*Ocimum basilicum*)

Aussaat: möglich, aber nicht ganz leicht, einfacher sind Jungpflanzen.
Standort: Sonne und Wärme, Wärme, Wärme.
Wuchshöhe: etwa 20 bis 30 cm.

Basilikum könnte man das Kräutlein des Jahrzehnts nennen. Keine andere Würzpflanze hat einen derartigen Beliebtheitsgrad wie diese. Die Kultur ist leicht, wenn man weiß, dass Basilikum ein Südländer ist. Es liebt Wärme über alles – daher lässt es sich im Topf auf dem Balkon oder der Fensterbank ideal kultivieren. Noch ein Tipp für die Aussaat: Basilikum ist ein Lichtkeimer und darf daher bei der Aussaat nur ganz dünn mit Erde bedeckt werden.

Brunnenkresse

(*Nasturtium officinale*)

Aussaat: ganz einfach in eine Schale mit Wasser streuen.
Standort: feuchtes Substrat in Sonne oder Halbschatten – darf niemals austrocknen.
Wuchshöhe: 10 bis 20 cm.

Brunnenkresse wächst praktisch überall, wo es reines Wasser gibt. Entgegen einer weitverbreiteten Meinung muss es aber nicht unbedingt fließendes Wasser sein. Daher funktioniert die Kultur auch in einer Wasserschale auf dem Balkon. Als Substrat verwenden Sie Sand mit etwas Erde gemischt. Keinen Dünger, die Brunnenkresse ist sehr genügsam.

Kresse

(*Lepidium sativum*)

Aussaat: jederzeit – selbst im Winter auf der Fensterbank.
Standort: überall, sogar auf feuchter Küchenrolle. Wuchshöhe: 5 cm.

Die Kresse gehört zu den Kräutern, die am einfachsten zu ziehen sind. Ideal ist Kresse als Pflanze für einen Kinder-„Garten", da sie so schnell keimt. Am günstigsten ist die Topfkultur. Kresse wächst auch nur auf einem Teller in feuchter Watte oder Küchenrolle. Sie ist kurzlebig und muss immer wieder nachgebaut werden.

Auch die Blütendolden des Dills sind dekorativ.

Dill

(*Anethum graveolens*)

Aussaat oder Auspflanzung: ab Ende April.
Standort: sonnig bis halbschattig.
Wuchshöhe: etwa 20 bis 40 cm.

Sehr oft hört man von Problemen, die Dill bei der Aussaat macht. Wer kein Ordnungsfanatiker ist, kann Dill einfach überall dorthin streuen, wo er meint, er fühle sich wohl: unter Kübelpflanzen, zwischen Balkonblumen. Kreativität ist gefragt. Wer es ordentlicher will, kauft eine Jungpflanze und lässt sie einige Wochen wachsen. Blüten sind beim Dill besonders würzig. Wie im Gurkenglas sind auch in Beet und Topf Dill und Gurken ideale Partner.

Kräuter für's Gemüt

Zitronenmelissen-Sirup

In ein großes Glas gibt man drei gute Handvoll gewaschener Zitronenmelissenblätter, drei in Scheiben geschnittene ungespritzte Zitronen (ohne Kerne), 80 g Zitronensäure und drei Liter kaltes Wasser. 24 Stunden stehen lassen, manchmal umrühren. Dann abseihen, Blätter und Zitronenscheiben etwas ausdrücken und den gesamten Saft durch ein Tuch laufen lassen. 2,5 kg Zucker beigeben und öfter umrühren. Wenn sich der Zucker aufgelöst hat, den Sirup in gut gereinigte Flaschen füllen.

Manche Gerüche wühlen einen auf – wie wär's mit Chili? Nein – nicht so stürmisch, jetzt geht es ums Beruhigen. Rosmarin hat diese beruhigende Wirkung, und wenn's irgendwo heiß herging: Ringelblumen-Salbe beruhigt. An einem heißen Sommertag dagegen erfrischt ein Glas Wasser mit einem Blatt Zitronenverbene. Und wenn der Magen streikt: Kamille beruhigt.
Es gibt also viele Kräuter für's Gemüt – greifen Sie zu.

Die Pflanzen für einen Balkonkasten mit „Kräutern für's Gemüt" (Länge 100 cm)

1 Rosmarin (Rosmarinus officinalis), 1 Stk.
2 Ringelblume (Calendula officinalis), 1 Stk.
3 Zitronenverbene (Aloysia triphylla), 1 Stk.
4 Thymian (Thymus vulgaris), 1 Stk.
5 Kamille (Chamomilla recutica), 1 Stk.
6 Zitronenmelisse (Melissa officinalis), 1 Stk.

PFLANZPLAN

für einen Balkonkasten mit „Kräutern für's Gemüt"

1 Rosmarin (Rosmarinus officinalis)
Wenn meine Lieblingspflanze hier fehlen würde! Einige Dutzend Sorten gibt es, und jede Pflanze hat einen etwas anderen Duft. Am würzigsten war aber doch der Rosmarin, den ich am Strand von Mallorca fand.

2 Ringelblume (Calendula officinalis)
Ganze Gärten erstrahlen im Gelb-Orange. In allen Ritzen und Spalten suchen sich Ringelblumen einen Platz zum Wachsen. Manchen werden sie lästig – wäre nur alles Lästige so schön.

3 Zitronenverbene (Aloysia triphylla)
Einmal gerochen – für immer ein Fan. Allein das Gießen ist eine Freude, denn schon die sanften Wassertropfen aus der Gießkanne lassen sie ihr Aroma verströmen.

4 Thymian (Thymus vulgaris)
Auch wieder so ein Duftspender – mit der Hand darüberstreichen, und schon verströmt der Thymian sein gesamtes Bukett. Auch hier gibt es viele Duftrichtungen – Sie werden süchtig!

5 Kamille (Chamomilla recutica)
Je karger der Boden, desto schöner die Blüten. Samen aufstreuen, und nach wenigen Tagen erscheinen die kleinen, zarten Blätter und die heilbringenden Blüten.

6 Zitronenmelisse (Melissa officinalis)
Die Zitronenmelisse ist „natur" schon eine Wucht, im Melissensirup entfaltet dieses Kräutlein über Monate sein erfrischendes Aroma.

Tipp *für Experten*

Rosmarin überlebt Jahrzehnte, wenn er nur die richtige Erde bekommt. Niemals Torf oder torfhaltige Substrate verwenden, die kann dieses Kräutlein nicht ausstehen. Im kargen Boden eines Sand-Lehm-Gemischs fühlt sich Rosmarin dagegen wohl und überlebt an einem kühlen Fensterplatz jeden Winter. Neu gekaufte Pflanzen stehen meist in Torfsubstrat – daher sofort umtopfen!

Tipp

Zitronenverbene ist die duftintensivste Pflanze, die ich kenne. Ein Blatt in eiskaltes Wasser gegeben, schafft im Hochsommer ein erfrischendes Aroma!

Kamillenblüten benötigt man (hoffentlich) nicht zur Blütezeit im Hochsommer. Die Blüten sollte man deshalb trocknen. Je häufiger und frischer man sie abzupft, desto besser. Nicht in der Sonne trocknen, sondern an einer luftigen, trockenen Stelle im Schatten.

Kräuter für's Gemüt – im Detail

Rosmarin

(*Rosmarinus officinalis*)

Aussaat: nicht möglich, kaufen Sie Jungpflanzen „mit der Nase".
Standort: volle Sonne.
Überwinterung: hell und kühl, wenig gießen.
Wuchshöhe: bis zu 50 cm (bei alten Exemplaren).

„Meertau" heißt die Pflanze eigentlich in der Übersetzung, was schon zeigt, wo ihre Heimat liegt: am Meer. Bei uns ist sie daher nicht frosthart. Einige Sorten ('Arp', 'Salem', 'Veitshöchheim') sollen aber bis zu 20 Grad Minus aushalten, allerdings niemals im Topf. Wichtig ist das richtige Substrat: normale Gartenerde, Splitt und Sand. Mein Tipp: Bei einem Ausflug an einen Bach nehme ich immer einen Kübel voll Sand mit. Der ist dafür ideal geeignet.

Ringelblume

(*Calendula officinalis*)

Aussaat: wächst absolut problemlos – ab März.
Blütezeit: ab Anfang Juni.
Standort: sonnig.
Überwinterung: nicht möglich – sät sich aber bereitwillig aus.
Wuchshöhe: bis zu 40 cm.

Die *Calendula* gedeiht praktisch überall und sät sich bereitwillig aus – Sie werden staunen, wenn auf dem Parkplatz unter dem Balkon die ersten Ringelblumen aufgehen. Besonders hübsch sehen Ringelblumen in Kombination mit anderen Pflanzen aus. Nicht nur im Kräuterkasten, sondern auch als Unterpflanzung von Gehölzen und Gemüse. Wem der Aufwand für eine Ringelblumen-Creme zu groß ist, der kann die Blütenblätter in Salate geben oder trocknen und für Tee verwenden.

Rosmarin wird in wintermilden Gegenden – wenn er sich wohlfühlt – zu einem richtigen kleinen Gehölz.

Rosmarin

Ringelblume

Zitronenverbene

Thymian

Kamille

Zitronenmelisse

Zitronenverbene

(*Aloysia triphylla* syn. *Lippia citriodora*)

Aussaat: möglich, besser Jungpflanzen kaufen.
Ernte: sofort.
Standort: sonnig bis leichter Schatten.
Überwinterung: kühl und hell.
Wuchshöhe: 1 bis 2 m, lässt sich aber durch Schnitt kompakt halten.

Diese nach Zitrone duftende Pflanze begeistert jeden, der einmal daran gerochen hat, so intensiv ist der Duft, den die Blätter verströmen. Normale Balkonblumen-Erde mit Hornspänen ist die ideale Grundlage. Die Pflanze ist nicht frostfest und muss daher bei uns im Winter bei fünf bis zehn Grad überwintert werden. Möglichst hell und kühl überwintern.

Thymian

(*Thymus vulgaris*)

Aussaat: möglich, sinnvoller Jungpflanzen kaufen.
Standort: sonnig und heiß – je trockener, desto lieber.
Überwinterung: problemlos, vor zu viel Feuchtigkeit schützen.
Wuchshöhe: 5 bis 15 cm.

Den Thymian gibt es in Hunderten Sorten. Ob Kleinstrauch oder bodendeckender Duftrasen, alle haben eines gemeinsam: Sie verwöhnen uns mit einem betörenden Geruch. Magerer, sandiger Boden und kein Dünger, das genügt ihm. Damit der Thymian kompakt bleibt, muss er immer kräftig zurückgeschnitten werden, sonst wird er sparrig.

Kamille

(*Chamomilla recutica*)

Aussaat: ab Ende März.
Blütezeit: ab Juni.
Standort: sonnig und heiß – magerer Boden.
Überwinterung: Kamille ist einjährig, sät sich aber meist selbst aus.
Wuchshöhe: 20 bis 30 cm.

Die echte Kamille wird etwa 20 bis maximal 40 Zentimeter hoch, hat fein gefiederte Blätter und ab Juni Blüten mit weißen Blütenblättern und einer gelben Mitte. Zur Unterscheidung von anderen (nicht heilkräftigen) Kamillenarten: Die echte Kamille besitzt einen hohlen Blütenboden; zerreibt man ihn, riecht er nach Kamillentee. Die Kamille ist leicht aus Samen zu ziehen und sollte direkt ausgesät werden.

Zitronenmelisse gibt es auch mit panaschiertem (zweifarbigem) Laub. Diese Pflanzen sehen vor allem im Frühjahr sehr attraktiv aus. Später werden die Blätter dann alle wieder vollkommen grün. Melisse sät sich bereitwillig aus, aber nur manche Pflanzen zeigen dann die typische zweifarbige Blattfärbung.

Zitronenmelisse

(*Melissa officinalis*)

Aussaat oder Auspflanzung: ab April. Standort: sonnig in normaler Balkonblumenerde. Überwinterung: problemlos. Wuchshöhe: 20 bis 40 cm.

Hat man die Zitronenmelisse einmal in den Garten geholt, dann begleitet einen dieses aromatische Kraut auf immer. Selbst auf der Terrasse wird man überrascht sein, wo überall die feinen Samenkörner hinkommen und keimen. Das Kraut mit Zitronengeschmack passt zu Salaten (kleine Blätter oder Triebspitzen), Melissentee wirkt beruhigend. Als beste „Aufbewahrungsmöglichkeit" gilt aber der Zitronenmelissen-Sirup.

Kräuter für den Duft

Wie Kräuter wirken, welche Inhaltsstoffe sie besitzen, das haben Generationen von Ärzten und Wissenschaftlern untersucht. Dass es aber wahrscheinlich noch mehr gibt als die messbaren Werte – darüber sind wir uns auch einig.
Und so gehört der Duft ganz einfach zu jener Gesundheits-Therapie, die jederzeit angewendet werden kann, ohne auch nur den geringsten Nachteil zu haben. Am Lavendel riechen und von der Provence träumen, am Thymian schnuppern und im Geiste durch einen englischen Kräutergarten wandeln oder an den Duftpelargonien vorbeistreifen und gleich ein ganzes Potpourri an Gerüchen erleben – auch das kann ein Balkon sein: ein begehbarer Aromaschrank.

Die Pflanzen für einen Balkonkasten mit „Kräutern für den Duft" (Länge 100 cm)

1 Lavendel (Lavandula angustifolia 'Hidcote Blue'), 1 Stk.
2 Ysop (Hyssopus officinalis), 1 Stk.
3 Echter Salbei (Salvia officinalis 'Berggarten'), 1 Stk.
4 Duft-Pelargonie (Pelargonium spp.), 1 Stk.
5 Eberraute (Artemisia abrotanum), 1 Stk.
In einem eigenen Topf mit Untersetzer (wegen der Feuchtigkeit):
6 Pfeffer-Minze (Mentha x piperita), 1 Stk.

PFLANZPLAN

für einen Balkonkasten mit „Kräutern für den Duft“

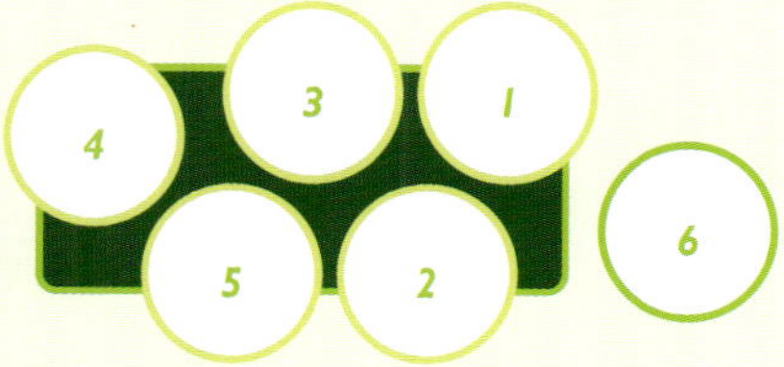

1 Lavendel (Lavandula angustifolia ‘Hidcote Blue’)
Kein anderer Lavendel ist so wuchskräftig und dennoch kompakt wie der ‘Hidcote blue’. Achten Sie darauf, dass Sie keine samenvermehrten Pflanzen bekommen, sondern stecklingsvermehrte – die sind wirklich ‘Hidcote’.

2 Ysop (Hyssopus officinalis)
Wer jemals einen alten Kräutergarten besucht hat, wird ihn als kleine Hecke kennen: Ysop wurde gerne als Wegbegrenzung verwendet, denn er wächst zu einem kleinen Strauch.

3 Echter Salbei (Salvia officinalis ‘Berggarten’)
Nicht nur bei Halsweh ist dieses Kräutlein eine Wonne. Viele italienische Speisen kommen ohne seine Würze nicht aus. Noch dazu hat Salbei traumhafte Blätter und Blüten – vor allem die Sorte ‘Berggarten’.

4 Duft-Pelargonie (Pelargonium spp.)
Jede Pelargonie hat einen typischen, einzigartigen Blattduft. Von Apfel bis Kokos reicht die Palette – und alle haben eines gemeinsam: Sie machen süchtig! Nach immer mehr und immer ausgefalleneren Duftvarianten!

5 Eberraute (Artemisia abrotanum)
Kleine Hecken wurden auch aus diesem Kräutlein geschnitten, denn es wächst bereitwillig aus dem alten Holz. Daher ist es für den Balkon gut geeignet – es wird nie zu groß.

6 Pfeffer-Minze (Mentha x piperita)
Ob es jetzt die Pfefferminze oder eine der vielen anderen Minzen ist, bleibt der eigenen Nase überlassen. Schnuppern Sie, und Sie werden riechen, wie groß die Vielfalt ist.

Lavendel braucht einen alljährlichen kräftigen Rückschnitt. Hat man das mehrere Jahre nicht gemacht – Pech gehabt. Lavendel treibt nicht aus dem alten Holz aus. Regelmäßig geschnitten, bleibt er aber kompakt.

Alle Blätter der Kräuter vom Balkon „für's Gemüt“ lassen sich trocknen und in Duft-Säckchen aufbewahren. Das ist Duft für einen langen Winter!

Kräuter für den Duft – im Detail

Lavendel

(*Lavandula angustifolia* 'Hidcote Blue')

Auspflanzung: ab Anfang März.
Blütezeit: ab Juni/Juli.
Standort: volle Sonne in normaler, eher sandiger Balkonerde – am besten mischt man etwas Kies unter.
Überwinterung: problemlos; nicht zu nass.
Wuchshöhe: etwa 20 bis 30 cm, gut schnittverträglich.

Lavendel wird ohne Schnitt bis zu einem Meter hoch, die länglichen Blätter wirken wie Nadeln und sind graugrün. Im Juni beginnt der Lavendel zu blühen, meist blau. Die schönste Sorte, die es gibt, ist 'Hidcote blue'. Er wächst am kompaktesten und hat das dunkelste Blau, das man sich vorstellen kann. Nach der Blüte sollte man den Lavendel kräftig zurückschneiden, um ihn in Form zu halten.

Auch „Balkon-Lavendel" hilft gegen Motten: Die abgeschnittenen Zweige trocknen, in Stoffsäckchen füllen und in den Kleiderschrank legen.

Ysop

(*Hyssopus officinalis*)

Auspflanzung: ab März.
Blütezeit: ab Juli.
Standort: sonnig, kiesig – durchlässiger Boden.
Überwinterung: geschützt – nicht zu nass.
Wuchshöhe: je nach Schnitt bis zu 60 cm.

Das erstaunlichste am Ysop sind seine langanhaltende Blüte und seine Robustheit. Er verträgt jeden Rückschnitt und wurde daher sehr schnell von den alten Kräutergärtnern zu kleinen Hecken gepflanzt. Ungeschnitten wird er bis zu 60 cm hoch. Da die Pflanzen Kalk lieben, sollte man gut zerdrückte Eierschalen ins Pflanzloch streuen – noch besser wäre Algenkalk.

Lavendel

Ysop

Echter Salbei

Eberraute

Pfeffer-Minze

Duft-Pelargonie

Echter Salbei

(*Salvia officinalis* 'Berggarten')

Auspflanzung: ab März.
Blütezeit: ab August.
Standort: volle Sonne und kiesiger Boden.
Überwinterung: vor Nässe schützen.
Wuchshöhe: etwa 50 cm.

Als kleiner immergrüner Strauch wird er gut einen dreiviertel Meter hoch, er kann aber regelmäßig geschnitten werden. Nach einigen Jahren sollte die Pflanze erneuert werden, weil sie zu stark verholzt. Je trockener und durchlässiger der Boden ist, desto wohler fühlt sich der Salbei. Eine der Sorten, die die kräftigsten Blätter und die schönsten Blüten entwickeln, ist 'Berggarten'. Ideal für in Olivenöl gebackene Salbeiblätter – eine Köstlichkeit.

Eberraute

(*Artemisia abrotanum*)

Auspflanzung: ab April.
Blütezeit: Juli bis Oktober.
Standort: volle Sonne – eher trocken halten.
Überwinterung: geschützt – mit Vlies einpacken.
Wuchshöhe: bis zu 60 cm.

Die graugrünen, feingefiederten Blätter wachsen an einem Busch, der bis zu einem Meter hoch wird und dessen ältere Äste verholzen. Eberrauten lieben – wie fast alle südländischen Kräuter – sonnigen, eher trockenen, kalkhaltigen Boden. Überwintert man die Pflanzen, muss man sie bei strengem Frost schützen. In Kräutergärten wird die Pflanze auch als Hecke verwendet, da sie sehr gut zurückgeschnitten werden kann und sich gut verjüngt.

Pfeffer-Minze

(*Mentha x piperita*)

Auspflanzung: ab März.
Blütezeit: Juli bis August.
Standort: feucht und halbschattig.
Überwinterung: problemlos im Freien.
Wuchshöhe: bis zu 50 cm.

Pfefferminze liebt feuchte Standorte im Halbschatten. Sie neigt zum Wuchern und sollte daher in ihrem Wachstum gebremst werden.
Auf dem Balkon geschieht dies am einfachsten dadurch, dass man sie in einen eigenen Topf setzt. Anderenfalls ist der gesamte Kasten nach einigen Wochen von der Pfefferminze durchwachsen. Die Töpfe sollten nicht zu klein sein, denn die herrlich duftenden Pflanzen benötigen tiefgründigen Boden. Auch hier werden Sie die enorme Vielfalt sehen – Minzen gibt es Hunderte!

Duft-Pelargonie

(*Pelargonium spp.*)

Auspflanzung: ab Mitte Mai bis zum Frost. Blütezeit: ab Mai (je nach Sorte).
Standort: volle Sonne. Überwinterung: kühl, trocken, hell.
Wuchshöhe: je nach Schnitt 30 bis 50 cm.

Duftpelargonien gibt es unendlich viele. Zitrone, Orange, Rose, ja sogar so exotische Düfte wie Kokosnuss sind zu finden. Sie kommen immer mehr in Mode. Meist sind sie unter dem Namen Duftblattgeranien (Rosengeranie, Zitronengeranie etc.) bekannt. Duftpelargonien sind äußerst genügsam, für einen möglichst sonnigen Standort im Freien im Sommer sind sie aber dankbar. Je sonniger, desto mehr muss gegossen werden. Überwintert werden die nicht frostfesten Pflanzen an einem möglichst kühlen und hellen Ort. Im Frühjahr nach dem Umtopfen kräftig zurückschneiden.

Tipp

Damit Duftpelargonien viele Jahre halten, ist sehr durchlässige, eher sandige und kiesige Erde nötig. Torf sollte nur in ganz geringen Mengen untergemischt werden. Besser ist es, etwas Lehm (Gartenerde) und Kompost zu verwenden.

Hitparade

der Faulenzerpflanzen – Kräuter

Viele Kräuter können ausgesät werden. Intelligente Faule kaufen fertige Pflanzen.

FAULENZER-WERTUNG	PFLANZE	AUSSÄEN – AUSPFLANZEN	WUCHSHÖHE	PFLEGE
✿✿✿✿✿	**Basilikum** *(Ocimum basilicum)*	V	20 bis 30 cm	☼
✿✿✿✿✿	**Kresse** *(Lepidium sativum)*	IV	5 cm	☼ ○
✿✿✿✿✿	**Ringelblume** *(Calendula officinalis)*	ab Ende IV	bis zu 40 cm	☼ ○
✿✿✿✿✿	**Rucola** *(Eruca sativa)*	ab Ende III	etwa 20 cm	○ ◐
✿✿✿✿✿	**Zitronenverbene** *(Aloysia triphylla)*	V	1 bis 2 m	☼ ○
✿✿✿✿	**Brunnenkresse** *(Nasturtium officinale)*	IV	10 bis 20 cm	◐
✿✿✿✿	**Duft-Pelargonie** *(Pelargonium spp.)*	ab V	30 bis 50 cm	☼
✿✿✿✿	**Lavendel** *(Lavandula angustifolia* 'Hidcote Blue')	ab Anfang III	20 bis 30 cm	☼
✿✿✿✿	**Zitronenmelisse** *(Melissa officinalis)*	ab IV	20 bis 40 cm	☼ ○
✿✿✿✿	**Rosmarin** *(Rosmarinus officinalis)*	V	bis zu 50 cm	☼
✿✿✿✿	**Echter Salbei** *(Salvia officinalis* 'Berggarten')	ab III	etwa 50 cm	☼
✿✿✿✿	**Schnittknoblauch** *(Allium tuberosum)*	V	etwa 30 cm	☼ ○
✿✿✿✿	**Thymian** *(Thymus vulgaris)*	IV	5 bis 15 cm	☼ ○
✿✿✿✿	**Ysop** *(Hyssopus officinalis)*	ab III	bis zu 60 cm	☼
✿✿✿	**Dill** *(Anethum graveolens)*	ab Ende IV	20 bis 40 cm	☼ ○
✿✿✿	**Kamille** *(Chamomilla recutica)*	ab V	20 bis 30 cm	☼ ○
✿✿✿	**Pfeffer-Minze** *(Mentha x piperita)*	ab III	bis zu 50 cm	◐ ●
✿✿✿	**Schnittlauch** *(Allium schoenoprasum)*	ab III	15 bis 20 cm	○ ◐
✿✿	**Eberraute** *(Artemisia abrotanum)*	ab IV	bis zu 60 cm	☼
✿✿	**Petersilie** *(Petroselinum crispum)*	ab III	etwa 20 cm	☼ ○

Kräutertöpfe werden in Etagen bepflanzt. Zuerst eine Schicht durchlässiger Erde einfüllen. Dann werden die Wurzeln der Kräuter fest in Zeitungen gewickelt, um sie durch die Öffnungen im Topf schieben zu können. Trockenheitsliebende Kräuter wie Thymian, Lavendel oder Rosmarin kommen obenauf.

DER KRÄUTERTOPF

Nicht jeder will und kann gleich einen großen Teil seines Balkons oder der Terrasse für Kräuter verwenden. Die Lösung ist ein Kräutertopf: Diese Töpfe lassen sich mit einer Vielzahl von Kräutern bepflanzen. Feuchtigkeitsliebende Kräuter, zum Beispiel Minzen, sollten eher im unteren Bereich angeordnet werden. Trockenheitsliebende Kräuter, zum Beispiel Thymian oder Basilikum, kommen in den oberen Bereich. Wer schon beim Einfüllen der Erde die Vorlieben der Pflanzen berücksichtigt, hat später weniger Mühe. Also: feuchtigkeitsliebende Pflanzen in mehr Humus, trockenheitsliebende Pflanzen in Erde mit größerem Sandanteil setzen.

Wer noch mehr auf Zierde Wert legt, sollte obenauf eine Duftpelargonie platzieren – Blüten und Duft in einem. Und noch ein Tipp: Da es schwierig ist, die Kräuter durch die kleinen Topföffnungen zu bringen, wickelt man sie zuerst fest in Zeitung, zieht sie damit „gebündelt" durch und entfernt anschließend das Papier. So werden Wurzeln und Blätter kaum verletzt.

PFLANZEN FÜR DEN KRÄUTERTOPF

Schnittlauch, Petersilie, Basilikum, Thymian, Liebstöckel, Minzen (neigen zum Wuchern!), Schnittknoblauch, Rosmarin

Bäume *und* Sträucher

auf dem Balkon

Grün für viele Jahre

Laubgehölze sind oft robuster als Koniferen oder Nadelbäume. Der Grund ist einfach: Anders als wintergrüne Pflanzen leiden sie im Winter nicht so sehr unter der geringen Feuchtigkeit in Töpfen und Trögen.

Es sieht schon komisch aus, wenn man durch eine Stadt spaziert und plötzlich im 10. Stock eine mächtige Föhre über eine Gesimsmauer hängen sieht. Bäume und Sträucher mitten in der Stadt in luftiger Höhe – das symbolisiert wohl am besten den Wunsch der Bewohner nach einer Oase im Grünen, einem Platz zum Entspannen.

Im Prinzip sind alle Gehölze für einen großen Topf, eine Blumenwanne oder eine Bepflanzung direkt auf einer Dachterrasse geeignet. Allerdings erlebt man dann schnell, wie rasch diese Bäume wachsen und nicht nur stören, sondern möglicherweise auch zur Gefahr werden.

Viele Gehölze sind für Balkon und Terrasse geeignet. Achten sollte man jedoch immer auf die Wuchsgröße, damit aus der grünen Oase kein Dschungel wird.

Sortenauswahl

Vor allem bei Gehölzen sollte man auf die Sorte achten: Die Forsythie oder der Osterstrauch oder Goldglöckchen, wie sie auch genannt wird, ist ein Beispiel dafür. Wählt man eine ganz normale Gartensorte, dann wird sie zum Riesen. Mit den speziellen „Balkon"-Sorten hat man aber große Freude: Sie wachsen kompakt und machen keine Mühe mit dem Schnitt. Ähnlich ist es auch bei der Sortenwahl anderer Bäume und Sträucher. Der erste Schritt ins grüne Paradies auf höchster Ebene ist getan. Selbst der langersehnte Hausbaum, wenn auch nur in einer Zwergform, könnte alle Jahre wieder grünen und blühen!

Frostgefahr und Winterhärte

Viele Terrassen-Gärtner sind skeptisch, was die Winterhärte der Gehölze betrifft, aber meistens passiert den Pflanzen selbst in einem eisigen Winter gar nichts. Die lebenden Teile der Balkondekoration sind da oft weniger gefährdet als Töpfe und Kästen: Der Frost sprengt mit seiner enormen Kraft die Behälter. Daher sollte schon beim Bepflanzen ganz besonders auf guten Wasserab-

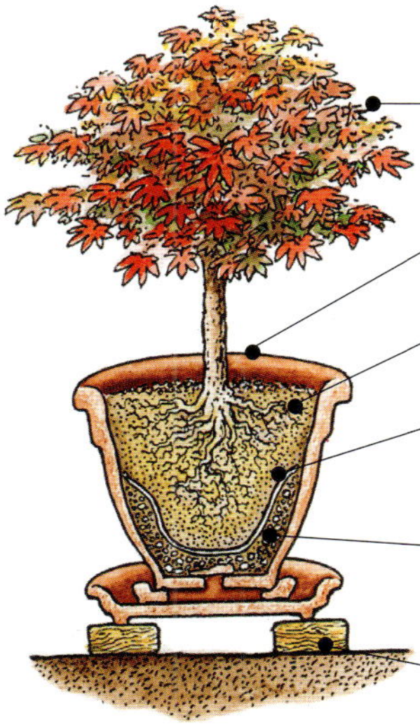

zug geachtet werden. Kies oder Schotter als unterste Dränageschicht verhindert solche unliebsamen Frühlingsüberraschungen. Terracotta-Töpfe müssen den Winter über immer auf Holzleisten oder Styroporplatten gestellt werden. Nur so kann das Festfrieren auf dem Boden verhindert werden.

Kampf dem Vertrocknen

Die meisten wintergrünen Pflanzen in Trögen erfrieren nicht, sondern vertrocknen. Denn – so unglaublich es klingt – das Wachstum geht auch im Winter weiter. Ganz langsam. Und so verdunstet die Pflanze selbst bei Frost Feuchtigkeit, die sie über die Wurzeln aufnimmt. Ist dort kein Wasser vorhanden, dann kommt es zu den Trockenschäden, die letztlich selbst große Bäume absterben lassen. Daher sollte man, wann immer es während des Winters Tage mit Temperaturen über null Grad gibt, die wintergrünen (und nur diese) Gehölze gießen. Nicht zu viel und nicht zu wenig. Eben mit Augenmaß.

Wintertipp

Alle mobilen Pflanzen an einer geschützten Stelle (kleinere Pflanzen eventuell auch in einer Kiste) aufstellen – ebenfalls auf einer dicken Styroporplatte. Anschließend wird mit Reisig abgedeckt, auch Schilfmatten sind gut dafür geeignet. Gänzlich ungeeignet ist Plastikfolie, und zwar aus einem ganz einfachen Grund: Die durchsichtige Folie wirkt an sonnigen Wintertagen wie ein „Gewächshaus", sie hält also die Wärme zurück. Die Pflanzen werden so relativ zeitig zum Wachsen angeregt und frieren ab oder vertrocknen, wenn die Erde in den Töpfen noch gefroren und damit keine Wasserversorgung der Wurzeln möglich ist.

Blüten – fast ein ganzes Jahr

Blühende Bäume und Sträucher auf dem Balkon – das kann es ja gar nicht geben! Ein Freund, der vor einigen Jahren eine Dachterrassenwohnung bezogen hat, war mehr als erstaunt. Nach und nach wurde aus dem Neuling ein Fan. Nun stehen mehr als ein Dutzend Gehölze in Trögen und großen Töpfen auf seiner Terrasse – ein Blütenfeuerwerk von März bis Oktober.

Im Frühjahr und Sommer dominieren die Blüten, das Gartenjahr in luftiger Höhe endet dann mit einer prächtigen Herbstfärbung der Blätter. Ein Erlebnis mit ganz wenig Aufwand. Besonders achten sollte man bei der Bepflanzung auf die Sorten. Manche sind nämlich wegen ihres starken Wachstums völlig ungeeignet.

Pflanzen für einen Balkon mit „Blüten – fast ein ganzes Jahr"

1 Goldglöckchen (Forsythia x intermedia 'Maree d'Or' oder 'Melee d'Or')
2 Zwerg-Flieder (Syringa patula 'Miss Kim')
3 Buschgeißblatt (Diervilla sessilifolia 'Butterfly')
4 Schneeball-Hortensie (Hydrangea arborescens 'Anabelle') oder Eichblatt-Hortensie (Hydrangea quercifolia 'Snow Queen')
5 Zwerg-Apfel (Malus sargentii 'Tina' oder Malus 'Pom'zai')
6 Zwerg-Mandel (Prunus tenella 'Kati')

WÄHLEN NACH LUST UND LAUNE!

„Blüten – fast ein ganzes Jahr“

- **Goldglöckchen (Forsythia x intermedia ‘Maree d’Or’ und ‘Melee d’Or’)**
  Die beiden Zwerge unter den Goldglöckchen wachsen breitbuschig und schmücken sich dicht mit Blüten: ‘Maree d’Or’ mit grapefruitgelben, ‘Melee d’Or’ mit hellgelben.

- **Zwerg-Flieder (Syringa patula ‘Miss Kim’)**
  Der Zwergflieder oder Chinesische Flieder passt hervorragend in Töpfe und Tröge. ‘Miss Kim’ hat wunderschöne hellblaue Blütenrispen und riecht dabei ganz intensiv nach Gewürzen.

- **Buschgeißblatt (Diervilla sessilifolia ‘Butterfly’)**
  Kaum eine Pflanze ist ein so dankbares Balkongehölz wie das Buschgeißblatt. Es hält Trockenheit sehr gut aus und blüht gleich zwei Mal: im Juni und im September.

- **Schneeball-Hortensie (Hydrangea arborescens ‘Anabelle’), Eichblatt-Hortensie (Hydrangea quercifolia ‘Snow Queen’)**
  ‘Anabelle’ ist die robusteste Hortensie, die es gibt. Sie ist absolut frostfest und blüht jedes Jahr aufs Neue. Die einzige Vorliebe dieser Pflanze ist absolut kalkfreie Erde.

- **Zwerg-Apfel (Malus sargentii ‘Tina’ und Malus ‘Pom’zai’)**
  Die beiden Zwergäpfel sind eine wahre Pracht: Im Frühjahr traumhafte Blüten und bei der Sorte ‘Pom’zai’ ein fantastischer Fruchtbehang.

- **Zwerg-Mandel (Prunus tenella ‘Kati’)**
  Selbst in den heißesten Trögen fühlt sie sich noch wohl. Regelmäßiger Rückschnitt fördert die Blütenbildung.

Viele Gehölze brauchen große Tröge oder Wannen, um einige Jahre auf dem Balkon oder der Terrasse wachsen zu können. In kleinen Töpfen überleben sie nur kurze Zeit. Allerdings kann man sie alle zwei Jahre zurückschneiden, die Wurzeln einkürzen und umtopfen. Dann wachsen sie auch so viele Jahre.

Tipp

Kombinieren Sie die Gehölze mit Sommerblumen und Stauden. Auch die im Frühjahr blühenden Zwiebelblumen sind ideale Partner von Bäumen und Sträuchern. So wird die Zeit der Nichtblüte überbrückt.

Blüten – fast ein ganzes Jahr – im Detail

Goldglöckchen

(*Forsythia* x *intermedia*
'Maree d'Or' und 'Melee d'Or')

Blütezeit: April.
Standort: sonnig bis halbschattig, normale Erde.
Wuchshöhe: max. 50 cm.

Forsythien sind normalerweise in Gärten mächtige Sträucher, die im Frühjahr die Blicke auf sich ziehen; auf dem Balkon wären die normalen Sorten viel zu groß. 'Maree d'Or' ist der Zwerg unter den Goldglöckchen: Diese Sorte wächst breitbuschig (bis 1 Meter Durchmesser) und schmückt sich ganz dicht mit grapefruit-gelben Blüten. Die Schwestersorte 'Melee d'Or' wächst etwas aufrechter, hat hellgelbe Blüten und ebenfalls einen sehr dichten Wuchs.

Tipp

Auch Gehölze benötigen Dünger. Ideal ist langsam wirkender Dauerdünger. Ob mineralisch oder biologisch – Dünger sollte im April gegeben werden. Das reicht in den meisten Fällen aus. Besonders frostempfindliche Gehölze brauchen gegen Ende des Sommers noch Kali-Dünger. Da er schwer erhältlich ist, verwenden Sie Tomatendünger, der enthält meist viel Kali.

Zwerg-Flieder

(*Syringa patula* 'Miss Kim')

Blütezeit: Mai/Juni.
Standort: sonnig.
Wuchshöhe: kompakter Wuchs bis etwa 1 m.

So mancher Flieder im Park ist im Mai schon ein Opfer des Muttertages geworden, doch das Stibitzen muss nicht sein: Dieser kleine Fliederbusch gedeiht auch im Topf. Der Zwerg-Flieder oder Chinesische Flieder passt hervorragend in Töpfe und Tröge. Die Blüten sind etwa 10 bis 15 cm lang, duften stark und blühen etwas später als herkömmlicher Flieder. Mit dieser Art ist eine Blüte zum Muttertag demnach garantiert, denn in warmen Regionen findet man bei vielen Freilandarten und -sorten dann nur noch die braunen abgeblühten Rispen. 'Miss Kim' hat wunderschöne hellblaue Blütenrispen und riecht dabei ganz intensiv nach Gewürzen.

Goldglöckchen

Zwerg-Flieder

Buschgeißblatt

Schneeball-Hortensie

Eichblatt-Hortensie

Zwerg-Apfel

Zwerg-Mandel

Buschgeißblatt

(*Diervilla sessilifolia* 'Butterfly')

Blütezeit: Juni/Juli und August/September.
Standort: halbschattig, verträgt Trockenheit gut.
Wuchshöhe: max. 85 cm.

Ein anspruchsloser Stauch, der niedrig bleibt und dennoch ganz dichtes Laubwerk entwickelt. Das Laub ist sehr dekorativ und hat einen hellroten Schimmer. Ideale Pflanze für trockene Standorte. Das Buschgeißblatt kommt eigentlich aus Nordamerika und wächst dort unter hohen Bäumen. Selbst an diesem Extremstandort mit wenig Licht und sehr trockenem Boden kommt es gut zurecht und blüht gleich zwei Mal – einmal im Juni, einmal im September. Die Blüten der Sorte 'Butterfly' sind schwefelgelb, die Sorte 'Dise' ist etwas wuchskräftiger, hat hellgelbe Blüten und meist keine zweite Blüte im Spätsommer.

Schneeball- und Eichblatt-Hortensien sind deshalb so robust, weil sie auf den einjährigen Trieben blühen. Die üblichen „Muttertags-Hortensien" blühen dagegen auf den Vorjahrestrieben, die oft abfrieren. Dann gibt es keine Blüten.

Schneeball-Hortensie

(*Hydrangea arborescens* 'Anabelle')

Eichblatt-Hortensie

(*Hydrangea quercifolia* 'Snow Queen')

Blütezeit: August/September.
Standort: Halbschatten – bei sehr feuchtem Stand auch in der Sonne.
Wuchshöhe: 1,20 m.

Wer jemals Hortensien auf Balkon oder Terrasse gepflanzt hat und enttäuscht war, dass sie nicht geblüht haben, den wird 'Anabelle' beglücken. Jedes Jahr blüht sie und will nur eines: einen sauren, also kalkfreien Boden. Verwenden Sie also Rhododendron-Erde oder Torf und halten Sie das Substrat immer gut feucht. Wenn im Untersetzer einmal das Wasser stehen bleibt, dann verkraftet diese Pflanze das locker. Die Blüten sind cremefarben und blühen wochenlang. Und auch danach ist diese Pflanze attraktiv: Im Herbst und Winter sind die braunen Blütenrispen besonders schön, wenn sie sich mit Raureif schmücken. Besonders die Eichblatt-Hortensie (mit den gleichen Ansprüchen) ist dann sehr attraktiv. Im Frühjahr wird die Pflanze kräftig auf etwa 10 bis 20 cm zurückgeschnitten.

Zwerg-Apfel

(*Malus sargentii* 'Tina', *Malus* 'Pom'zai')

Blütezeit: April.
Standort: sonnig/halbschattig.
Wuchshöhe: bis 1,50 m.

Nichts für Naschkatzen, denn die kleinen Äpfel sind zwar nicht giftig, aber auch nicht wirklich köstlich. Die Blüten der beiden Bäume sind allerdings überwältigend und der Fruchtbehang der Sorte 'Pom'zai' enorm. Die kugelig wachsenden Zwergsorten sind robust und wachsen fast von selbst. 'Tina' hat rote Blütenknospen und große weiße Blüten, 'Pom'zai' blüht ebenfalls weiß. Interessant ist der Herbst, wenn sich letztere Sorte überreich mit orangegelben Mini-Äpfeln schmückt.

Zwerg-Mandel

(*Prunus tenella* 'Kati')

Blütezeit: April/Mai.
Standort: sonnig und heiß.
Wuchshöhe: bis 1,50 m.

Diese Zwerg-Mandel ist eine der robustesten, die es gibt. Auch in den heißesten Trögen fühlt sie sich wohl, erträgt längere Trockenperioden und blüht im kommenden Jahr überschwänglich. Regelmäßiger Rückschnitt fördert die Blütenbildung. Der Schnitt sollte im Frühjahr gleich nach der Blüte erfolgen, denn die Blüten bilden sich an den neuen Trieben.

Ganz in Grün

Für viele sind die Blätter von Laubgehölzen ein rotes Tuch. So schön der Austrieb der kleinen Blätter im Frühjahr ist, färbt sich doch im Herbst das Laub und fällt ab. Da sind so manche Balkonbesitzer verärgert: wochenlang Kehren und Wegräumen. Daher werden sehr oft die Immergrünen bevorzugt. Lange Zeit waren Thujen – auch auf dem Balkon – die idealen „Hecken"-Pflanzen, nun sind wintergrüne Laubpflanzen im Trend. Viele sind sehr robust, manche erleiden aber bei extremer Kälte und Trockenheit große Schäden. Wie bei allen Pflanzen ist es auch bei diesen nötig, an frostfreien Tagen im Winter zu wässern. Alle Gewächse, die im Winter grün sind, verdunsten selbst bei Kälte Wasser und können vertrocknen.

Pflanzen für einen Balkon „Ganz in Grün"

1 Kirschlorbeer (Prunus laurocerasus 'Caucasica')
2 Efeu (Hedera helix) für Rankgitter
3 Zwerg-Eibe (Taxus baccata 'Repandens')
4 Stechpalme (Ilex x meserveae 'Blue Princess')
5 Bodendecker-Geißblatt (Lonicera pileata 'Moosgrün')

WÄHLEN NACH LUST UND LAUNE!

„Ganz in Grün“

Kirschlorbeer (Prunus laurocerasus 'Caucasica')
Kirschlorbeer ist oft empfindlich gegen Frost und Wintertrockenheit. Diese Sorte gilt als die robusteste.

Efeu (Hedera helix)
Der heimische Efeu (und nur dieser) ist absolut frostfest; dennoch benötigt er auch im Winter Feuchtigkeit.

Zwerg-Eibe (Taxus baccata 'Repandens')
Eiben sind mit ihrem kräftigen, sattgrünen Laub als Heckenpflanzen eine Freude – allerdings im ersten Jahr ein wenig empfindlich. Eine Pflanzung im Frühjahr ist daher empfehlenswert.

Stechpalme (Ilex x meserveae 'Blue Princess')
So sehr der Ilex sticht – dieser ist etwas gezähmt –, die Früchte belohnen einen und zaubern mit ihren Beeren Weihnachtsstimmung auf Terrasse und Balkon.

Bodendecker-Geißblatt (Lonicera pileata 'Moosgrün')
Ein im Privatgarten selten verwendeter Bodendecker, der für Extremstandorte ideal ist. Das schöne sattgrüne Laub bleibt auch im Winter erhalten.

Für alle Immergrünen gilt als wichtigste Überlebensregel: Im Herbst und auch an frostfreien Wintertagen gut wässern. Außerdem im Spätsommer immer eine „Kali-Düngung“ geben. Das macht die Gehölze frostfest.

Rückschnitt ist bei allen diesen Pflanzen möglich. Dabei sollten Sie darauf achten, die Blätter nicht anzuschneiden – so entstehen unschöne braune Ränder.

Ganz in Grün – im Detail

Kirschlorbeer

(*Prunus laurocerasus* 'Caucasica')

Blütezeit: Mai/Juni.
Standort: volle Sonne, im Winter ist ein geschützter Standort ideal.
Wuchshöhe: bis 1,50 m und mehr.

Die Sorte 'Caucasica' erfüllt alle Wünsche – sie wächst robust und stark und ist auch extrem winterhart. So gibt es keine Enttäuschung mehr: Wer sich für Kirschlorbeer entscheidet, sollte unbedingt auf die Sorte achten, denn es gibt einige äußerst empfindliche, die vor allem im Kübel keine Chance haben, einen strengen Winter zu überleben.
Kirschlorbeer kann stark geschnitten werden, benötigt aber auch kräftige Düngergaben – im Spätsommer kalibetont, um die Triebe frostfest zu machen.

Tipp

Bei Dauerbepflanzungen ist die Erde besonders wichtig. Verwenden Sie Substrate, die viel Lehm und/oder Ton enthalten. Torfsubstrate sind ungeeignet. Sie trocknen aus und nehmen sehr schlecht Gießwasser auf.

Stechpalme

(*Ilex* x *meserveae* 'Blue Princess')

Blütezeit: die Blüten sind unscheinbar, wichtiger ist die rote Frucht ab Oktober.
Standort: sonnig bis schattig.
Wuchshöhe: bis 1,50 m.

So mancher schreckt vor dem *Ilex* zurück, weil er seinem Namen mehr als gerecht wird.
'Blue Princess' sticht aber „verträglich". Die Frucht im Winter belohnt die kleinen Attacken, denn auch diese Pflanze ist in den letzten Jahren wieder in Mode gekommen – ausgelöst durch den britischen Einfluss rund um Weihnachten, denn in England gilt die Stechpalme als der Weihnachtsschmuck schlechthin.
Und so sieht ein fruchtgeschmückter *Ilex* auf dem Balkon tatsächlich für viele mittlerweile ziemlich weihnachtlich aus. Wer blaugrünes Laub lieber mag, sollte die Sorte 'Blue Angle' wählen.

Kirschlorbeer

Stechpalme

Zwerg-Eibe

Efeu

Bodendecker-Geißbla

Zwerg-Eibe

(*Taxus baccata* 'Repandens')

Blütezeit: keine.
Standort: halbschattig.
Wuchshöhe: je nach Standort.

Eiben sind als Heckenpflanzen begehrt – wahrscheinlich ist das ein Trend, der aus England kommt. Dort zählen sie zu den beliebtesten Heckenpflanzen – ob im Herrenhausgarten oder im kleinen Reihenhaus. Eiben sind (das wissen die wenigsten) extrem nährstoffbedürftige Pflanzen. Sie lieben sehr humusreichen Boden und können gar nicht genug Dünger bekommen, vor allem im Frühling. Wichtig für einen schönen Wuchs ist auch ein regelmäßiger Schnitt. Sollte der einmal vergessen worden sein, dann ist es kein Problem: Eiben treiben selbst aus dem alten Holz wieder aus und regenerieren sich somit sehr gut.

Efeu

(*Hedera helix*)

Blütezeit: erst im hohen Alter im September/Oktober.
Standort: Halbschatten oder Schatten.
Wuchshöhe: Kletterpflanze – 6 m und mehr.

Der heimische Efeu (und nur der) ist der einzige, der einen solchen Extremstandort auf dem Balkon aushält. Er wächst in den ersten Jahren ganz langsam, später aber ist er kaum mehr zu bremsen und kann stark geschnitten werden. Gerade beim Efeu ist es wichtig, dass das Erdreich im Herbst kräftig gewässert wird, denn Trockenschäden durch Wintersonne hinterlassen unschöne braune Stellen. Passiert das dennoch, ist es kein Problem – der Efeu erneuert sich meist rasch wieder von unten.

Bodendecker-Geißblatt

(*Lonicera pileata* 'Moosgrün')

Blüte: Blattpflanze.
Standort: sonnig bis schattig.
Wuchshöhe: bodendeckend.

Dieses Geißblatt unterscheidet sich von allen anderen durch seinen gedrungenen Wuchs und seine nicht vorhandene Blüte. Dafür ist es rund ums Jahr sattgrün und deckt den Boden unter Gehölzen ganz hervorragend ab. Es ist so robust, dass es auch Trockenheit gut verträgt und sich an extrem sonnigen Standorten sehr wohl fühlt.
Beispielsweise wird es oft zur Bepflanzung von Verkehrsinseln verwendet.

Efeu wächst zunächst sehr langsam; kommt er allerdings richtig in Schwung, dann ist er kaum zu bremsen und bildet, auf einem Spalier gezogen, einen dichten Sichtschutz.

Blüten aus dem Nichts

Ein Balkongarten sollte auch für Überraschungen sorgen. Und so manche „Stadtpomeranze" wird auf ihrem kleinen Stück Grün plötzlich zur Naturliebhaberin. Da ist es nur eine Frage der Zeit, bis die eine oder andere Rarität im Topf auf dem Balkon landet. Bei diesem Vorschlag handelt es sich durchwegs um Gehölze, deren Blüten praktisch aus dem Nichts am nackten Holz der Äste oder gar des Stammes erscheinen. Das Laub kommt meist erst danach. Die Blütezeit ist deshalb fast durchgehend im zeitigen Frühjahr – die Überraschung aber umso größer.

Pflanzen für einen Balkon mit „Blüten aus dem Nichts"

1 Judasbaum (Cercis siliquastrum)
2 Winter-Geißblatt (Lonicera x purpusii)
3 Blaues Geißblatt – Maibeere® (Lonicera caerulea var. kamtschatica)
4 Rosa Winter-Schneeball (Viburnum x bodnantense)
5 Winter-Jasmin (Jasminum nudiflorum)

WÄHLEN NACH LUST UND LAUNE!

„Blüten aus dem Nichts“

Judasbaum (Cercis siliquastrum)
Nackte Äste – und dann ein Blütenzauber, der sich sehen lassen kann: Das ist der Judasbaum. Leider ist er kälteempfindlich und muss deshalb geschützt werden. Abgefrorene Äste zurückschneiden.

Winter-Geißblatt (Lonicera x purpusii)
Duft macht diesen unscheinbaren Strauch so interessant. Die ersten Blüten erscheinen noch vor den Blättern und verströmen ihr Parfum. Das Blühen geht aber bis in den Frühling weiter.

Blaues Geißblatt – Maibeere®
(Lonicera caerulea var. kamtschatica)
Blüte und Frucht sind die Vorzüge dieser Pflanze, die mit extremen Temperaturen leben kann, denn sie kommt von den Alpen über Sibirien bis zur Kamtschatka vor. Die Früchte enthalten viele Vitamine.

Rosa Winter-Schneeball (Viburnum x bodnantense)
Rosa und fein – das passt für diesen Duftschneeball, der bereits ab Februar (manchmal auch noch früher) seine Blüten öffnet. Wird er zu groß, einfach zurückschneiden.

Winter-Jasmin (Jasminum nudiflorum)
Strahlend gelb leuchten die Blüten – manchmal sieht es aus, als ob sie aus Plastik wären. Denn welche Pflanze kommt auf die Idee, im nebligsten Herbst mit der Blüte zu beginnen?

Wer sich für eine solche Bepflanzung entscheidet, ist sicher schon ein fortgeschrittener Gärtner. Daher der Tipp für alle anderen: Versuchen Sie, das eine oder andere „nackt“ blühende Gehölz in die Gestaltung mit einzubauen. Sie werden von der Wirkung überrascht sein. Gartenbesitzern sei gesagt: Diese Sträucher sind vor allem in der Umgebung des Hauseingangs ideal, denn da sieht man sie täglich im Vorübergehen.

Tipp

Winter-Jasmin ist ein sogenannter Spreizklimmer. Er klettert nicht selbst, sondern muss hochgebunden werden. Die Triebe hängen aber dann, mit gelben Blüten überzogen, nach unten.

Blüten aus dem Nichts – im Detail

Judasbaum

(*Cercis siliquastrum*)

Blütezeit: April.
Standort: sonnig und sehr geschützt.
Wuchshöhe: im Trog nicht allzu groß.

Der Judasbaum gehört zu den außergewöhnlichsten Blühern. Wenn sich an den nackten Ästen und direkt am Stamm plötzlich die Blüten öffnen, dann überrascht das jedes Jahr. Freilich sollte man gerade bei dieser Rarität beachten, dass ein sehr geschützter Standort notwendig ist. Möglicherweise ist es hilfreich, den Baum im Herbst in eine Schilfmatte zu wickeln, damit das Wachstum nicht zu früh beginnt und dann der gefährliche Frost im März die Blüten vernichtet. Wird die Pflanze zu groß, kann sie problemlos nach der Blüte geschnitten werden.

Tipp

Unter sehr früh blühenden Gehölzen sind als Unterpflanzung Winterlinge, Frühlings-Cyclamen, Leberblümchen und Zwiebelblumen wie Schneeglöckchen, Krokusse und andere besonders attraktiv.

Gehölze im Topf kann man auf folgende Art vor zu viel Frost schützen: Noppenfolie mit etwas Überstand um den Topf wickeln und den Überstand mit Rindenmulch auffüllen.

Winter-Geißblatt

(*Lonicera* x *purpusii*)

Blütezeit: Februar bis März.
Standort: sonnig bis halbschattig.
Wuchshöhe: bis etwa 1 m.

Das Winter-Geißblatt wächst im Garten ganz kräftig und bildet mit seinem halbimmergrünen Laub eine dichte Hecke. Die wahre Größe dieses kleinen Gehölzes zeigt sich aber zu einer Zeit, wo es niemand erwartet: Kaum kommen die ersten sonnigen Tage, öffnen sich kleine Blüten, die einen betörenden Duft verströmen. Je nach Witterung dauert das Blühen vier, fünf, ja manchmal sogar sechs Wochen. Ein ganz reizender Kleinstrauch, der die ersten Sonnenstunden auf dem Balkon zu einem Dufterlebnis werden lässt.

Judasbaum

Winter-Geißblatt

Blaues Geißblatt – Maibeere®

Rosa Winter-Schneeball

Winter-Jasmin

Blaues Geißblatt – Maibeere®

(*Lonicera caerulea* var. *kamtschatica*)

Blütezeit: März.
Standort: sonnig bis halbschattig.
Wuchshöhe: max. 1,50 m.

Dieses Geißblatt (auch Blaue Heckenkirsche genannt) ist für extreme Witterung gerüstet. Es vereint gleich zwei Vorteile. Der erste ist der bezaubernde Duft der kleinen Blüten, die sich im März öffnen, der zweite die köstliche Frucht, die den Kulturheidelbeeren nicht unähnlich ist. Bereits zwei Wochen vor der Erdbeere kann sie geerntet werden. Wie robust die Maibeere® ist, zeigt die Tatsache, dass die Blüten selbst Frost bis minus 10 Grad überstehen. Der Gehalt an Vitamin C und D der Früchte ist sehr hoch – in Russland wird sie deshalb seit langem gepflanzt.

Rosa Winter-Schneeball

(*Viburnum* x *bodnantense*)

Blütezeit: März/April.
Standort: sonnig bis halbschattig.
Wuchshöhe: bis 1 m.

Duftschneebälle gibt es viele, diese rosa Form ist aber eine der schönsten. Die kleinen Blüten öffnen sich meist schon ab Februar und verströmen einen betörenden Duft. Der kräftige Wuchs und die Robustheit der Pflanze werden niemanden enttäuschen, vor allem dann, wenn man alljährlich dem Frühling und der Sonne entgegenhungert. Das „Schneeball-Parfum“ wird nach wenigen Jahren zum Symbol für das Ende des Winters. Kaum ist es zu riechen, weiß man: Nun kommt der Frühling. Das Laub ist kräftig und sehr dicht und der Strauch daher auch in der übrigen Zeit sehr ansprechend.

Winter-Jasmin

(*Jasminum nudiflorum*)

Blütezeit: ab November bis April.
Standort: sonnig bis schattig.
Wuchshöhe: Kletterpflanze.

Der Winter-Jasmin überrascht in den ersten nebligen November- und Dezembertagen mit seinen strahlend gelben Blüten. An den nackten Trieben erscheinen sie in unendlicher Zahl und sorgen so bis ins Frühjahr hinein immer wieder für Farbkleckse. Die Pflanze wird zwar als Kletterpflanze bezeichnet, benötigt aber unbedingt eine Rankhilfe und muss auch immer wieder aufgebunden werden. Sie lässt sich auch an den Rand von Trögen pflanzen und wird dann – je nach Witterung – im Winter einen gelb blühenden Vorhang bilden. Regelmäßiger Schnitt hält die Pflanze kompakt.

Tipp

Mit früh blühenden Gehölzen lässt sich der Winter verkürzen. Kleine abgeschnittene Zweige, die man im Winter in eine Vase stellt, blühen im Zimmer innerhalb von wenigen Tagen auf und verströmen ersten Frühlingsduft.

Hitparade

der Faulenzerpflanzen – Bäume und Sträucher

FAULENZER-WERTUNG	PFLANZE	BLÜTEZEIT BLÜTENFARBE	WUCHSHÖHE	PFLEGE
✿✿✿✿✿	**Efeu** *(Hedera helix)*	IX/X grüngelb, nur alte Pflanzen blühen	6 m und mehr	○ ◐ ●
✿✿✿✿	**Buschgeißblatt** *(Diervilla sessilifolia* 'Butterfly')	VI/VII und VIII/IX hellgelb bis schwefelgelb	max. 85 cm	○ ◐
✿✿✿✿	**Zwerg-Eibe** (*Taxus baccata* 'Repandens')	–	je nach Standort und Schnitt	○ ◐
✿✿✿✿	**Winter-Geißblatt** *(Lonicera* x *purpusii)*	II bis III weiß	bis etwa 1 m	○ ◐
✿✿✿✿	**Goldglöckchen** (*Forsythia* x *intermedia* 'Maree d'Or' und 'Melee d'Or')	IV gelb	max. 50 cm	☼ ◐
✿✿✿✿	**Eichblatt-Hortensie** (*Hydrangea quercifolia* 'Snow Queen')	VIII/IX weiß	etwa 1,20 m	◐ ●
✿✿✿✿	**Schneeball-Hortensie** (*Hydrangea arborescens* 'Anabelle')	VIII/IX cremeweiß	etwa 1,20 m	◐ ●
✿✿✿✿	**Winter-Jasmin** *(Jasminum nudiflorum)*	ab XI bis IV gelb	Kletterpflanze	○ ◐
✿✿✿	**Zwerg-Apfel** (*Malus sargentii* 'Tina', *Malus* 'Pom'zai')	IV weiß	bis 1,50 m	☼ ○
✿✿✿	**Zwerg-Flieder** (*Syringa patula* 'Miss Kim')	V/VI hellblau/violett	bis etwa 1 m	☼ ○
✿✿✿	**Blaues Geißblatt – Maibeere®** *(Lonicera caerulea* var. *kamtschatica)*	III cremeweiß	max 1,50 m	☼ ◐
✿✿✿	**Kirschlorbeer** (*Prunus laurocerasus* 'Caucasica')	V/VI cremeweiß	bis 1,50 m und mehr	☼
✿✿✿	**Zwerg-Mandel** (*Prunus tenella* 'Kati')	IV/V rosa	bis 1,50 m	○ ◐
✿✿✿	**Rosa Winter-Schneeball** *(Viburnum* x *bodnantense)*	III/IV rosa	bis 1 m	☼ ◐
✿✿✿	**Stechpalme** (*Ilex* x *meserveae* 'Blue Princess')	V weiß, unscheinbar	bis 1,50 m	○ ◐
✿✿	**Bodendecker-Geißblatt** (*Lonicera pileata* 'Moosgrün')	V–VI rahmweiß, unscheinbar	bodendeckend	◐ ●
✿✿	**Judasbaum** *(Cercis siliquastrum)*	IV lila	im Trog bis 1 50 m	☼

Schädlinge

und Krankheiten

Woher kommen nur die Schädlinge?

Spinnen sind große Nützlinge. Sie fressen viele Schädlinge, ehe diese zum Problem werden.

Eine Frage, die sich viele Pflanzenliebhaber stellen – woher kommen Schädlinge? Kaum sind im Frühling die Blätter da, krabbeln sie schon – die Blattläuse. Oder sie steigen in weißen Schwärmen auf – die Weißen Fliegen. Oder sie schmiegen sich mit einem dichten Geflecht an die Blattunterseite – die Spinnmilben.

Im Prinzip gibt es Schädlinge immer und überall. Sie warten nur auf den idealen Zeitpunkt. Daher ist auch schon klar, wann sie zuschlagen: wenn es den Pflanzen nicht ganz so gut geht. Manchmal ist das nicht verständlich: Sie haben gedüngt und gegossen, Sie haben viel mehr getan, als man tun müsste – und dann … Vielleicht genau deshalb: Zu viel des Guten ist genau so schlecht wie zu wenig! Daher gilt für die „intelligenten Faulen" – selbst in einem Garten in luftiger Höhe: mit der Natur und nicht gegen die Natur. Die Pflanzen gesund erhalten und nicht – mit welchen Mitteln auch immer – wieder gesund machen.

Sonne für Sonnenanbeter

Sind Pflanzen echte Sonnenanbeter, wie etwa Pelargonien, dann beginnen sie an halbschattigen oder gar schattigen Plätzen sehr rasch zu kränkeln. Nicht nur dass die Blattläuse kommen, auch Pilzkrankheiten tun das Ihre. Daher ist es unumgänglich notwendig, die Pflanzen mit den richtigen Ansprüchen an die richtige Stelle zu platzieren. Umgekehrt leidet eine schattenliebende Pflanze, wie zum Beispiel die Fuchsie, in der prallen Sonne ganz gewaltig. So schnell kann man gar nicht schauen, wie die Spinnmilben die Blätter umsponnen haben.

Durst haben nicht alle

Zwar kann generell gesagt werden, dass Balkonblumen einen sehr großen Wasserbedarf haben, aber Pflanzen, die beispielsweise über Wochen in einem randvoll mit Wasser gefüllten

Schädlinge im Portrait

Das Ohrwurm-Häuschen – ein Versteck für die „Blattlausvertilger“

Übertopf stehen, werden krank – oft so krank, dass sie nach kurzer Zeit gar nicht mehr zu retten sind. Mit Augenmaß und Hausverstand vorgehen hält Pflanzen gesund.

Hunger macht krank

Pflanzen, die wochenlang nicht gedüngt werden, kümmern und sind rasch Ziel der Attacken von Schädlingen und Krankheiten. Gelbe Blätter, Kolonien von Läusen und oft ein Teppich an Mehltau können bei solchen hungernden Pflanzen die Folgen sein. Andererseits ist aber auch ein Zuviel an Dünger schlecht – Langzeitdünger, die punktgenau Nährstoffe abgeben, sind daher ideal und das beste Vorbeugemittel.

Invasion der Blattläuse

Eine völlig verlauste Pflanze ist kein Grund zum Verzweifeln – und dennoch sollten es Balkongärtner nie so weit kommen lassen. Beobachten Sie daher ständig Ihre Pflanzen. So können Sie schon eingreifen, bevor große Massen von Blattläusen auftreten. Ehe „mit Kanonen geschossen“ wird, sollten die Nützlinge geschützt werden. Das gilt auch im Balkon- oder Terrassengarten: Vögel, Florfliege, Marienkäfer und Ohrwürmer sind die natürlichen Feinde der Blattläuse. Ohrwürmer „lockt“ man am besten so an: Hängen Sie sogenannte „Ohrwurm-Häuschen“ auf. Es sind dies Tonblumentöpfe, die verkehrt herum aufgehängt werden und in die Heu oder Holzwolle gestopft wird. Tagsüber verstecken sich darin die Ohrwürmer, nachts gehen sie auf Laus-Jagd.

Ein Trick hilft, den Ohrwurm-Topf rascher zu besiedeln. Legen Sie den mit Holzwolle präparierten Ohrwurm-Topf einige Tage lang unter Sträucher (z. B. in der Grünanlage vor dem Haus). Dann werden sich darin die Ohrwürmer verstecken und noch schneller Blattlaus-Polizei spielen.

Tipp

Die wichtigsten Grundlagen für gesunde Pflanzen kennen Sie schon:

- ***die richtige Pflanze am richtigen Standort***
- ***richtig gießen – nicht zu viel und nicht zu wenig***
- ***regelmäßig düngen***

Bewährt haben sich aber auch folgende Bekämpfungsmöglichkeiten, die ohne Gift auskommen:

- Blattläuse zerdrücken
- mit einem scharfen Wasserstrahl abspülen
- mit einer Schmierseifen-Lösung die Pflanzen abwaschen und nach einiger Zeit mit reinem Wasser nachspülen
- im Handel erhältliche Bio-Spritzmittel verwenden – sie sind absolut ungefährlich und selbst für Gemüse auf dem Balkon verwendbar
- Spritzungen mit Pyrethrum-Mitteln (Pyrethrum ist ein natürliches Gift, das aus den Blüten einer Chrysanthemen-Verwandten gewonnen wird). Achtung: nützlings- und bienengefährdend!

Das Wichtigste aber: Eine verlauste Pflanze muss nicht zurückgeschnitten oder weggeworfen werden. Ist der Befall rasch entdeckt worden, wird nach einer Schädlingsbehandlung überhaupt kein Schaden zurückbleiben. Ist die Pflanze über Wochen nicht behandelt worden, sind zwar die Blätter oft in Mitleidenschaft gezogen, die neuen Triebe zeigen aber keine Störungen.

Natur-Tipp

Wermut vergrämt Läuse

Paprika-Jungpflanzen, die auf dem Balkon von Läusen befallen werden, kann man mit Wermutzweigen „entlausen". Getrocknete Wermutzweige zu den Pflanzen stecken – und nach ein paar Tagen sollten die Läuse weg sein.

Schildläuse

Oft sind es nicht die Läuse, die entdeckt werden, sondern der klebrige Saft, der auf Blättern, auf dem Fußboden oder anderen Gegenständen zu finden ist, die unter einer von Schildläusen befallenen Pflanze stehen. Besonders gerne nisten sich die Schildläuse auf Oleander, *Citrus* oder Lorbeer ein. In dichten Kolonien sind sie an Ästen, Blattrückseiten, ja manchmal sogar am Stamm zu finden. In der ersten Panik ist bei vielen oft der Griff zur Schere die scheinbare

Natur-Tipp

Pfefferoni als Läuseabwehr

4 bis 5 Pfefferoni mit 2 Liter Wasser aufkochen, auskühlen lassen und anschließend ausdrücken (dabei wegen der Schärfe Handschuhe verwenden). Das verlauste Gemüse mit der gewonnenen Brühe spritzen.

Lösung für das Problem. Tatsächlich hilft das aber wenig: Die Pflanze hat dann einen gewaltigen Schock, viel weniger Blätter, um Kraft zu tanken, und ist den Angriffen noch viel hilfloser ausgeliefert. Erste Hilfe sollte, wann immer es möglich ist, das Abwaschen mit Schmierseifenwasser sein. Ein Zitronenbäumchen, seit 18 Jahren mein ständiger Begleiter und plötzlich mit Unmengen von Schildläusen besetzt (die Erde war vermutlich nicht ideal), kam in die Dusche und war bald lausfrei.

Kopfwäsche gegen Schildläuse

Um Schildläuse abzuwaschen, verwende ich eine angesetzte Schmierseifenlösung:
3 bis 5 Esslöffel unparfümierte Schmierseife auf einen Liter lauwarmes Wasser. Gut auflösen und die Pflanze an allen Teilen mit einer

Ein Zündholz mit dem Kopf nach unten in die Töpfe der Pflanzen stecken; auch Knoblauchzehen, die in die Erde gesteckt werden, helfen gegen Läuse. Bei den Balkonkästen die „Weihrauch-Pflanze" (Plectranthrus forsteri) dazwischen setzen.

Kapuzinerkresse gegen Läuse: Um Lausbefall an Obstbäumen (auch im Blumentopf) zu vermeiden, genügt es, schon im zeitigen Frühjahr Kapuzinerkresse dazuzupflanzen. Das macht weitere Maßnahmen überflüssig.

Sprühflasche gut spritzen. Einige Zeit einwirken lassen und dann mit sehr warmem (nicht heißem!) Wasser abwaschen. Damit nicht zu viel Seife in die Erde eindringt, sollte der Topf mit Folie abgedeckt werden. Anschließend mit Rapsöl oder einem anderen Paraffinölmittel (oft unter „Schildlausfrei" im Handel) besprühen. Nach einigen Tagen und, falls nötig, nach einigen Wochen diese „Kopfwäsche" wiederholen.

Ein Hotel für viele Nützlinge

Es gibt wohl wenig Spannenderes als das Leben von Tieren zu beobachten. Wie sonst wäre es möglich, dass Natursendungen im Fernsehen zu den beliebtesten zählen. Mit einem „Insektenhotel" lässt sich ein Stück Natur auf Balkon und Terrasse holen.

Vielen scheint eine solche Aktion fragwürdig – gelten doch Bienen und Wespen als Plagegeister und „gefährlich". Für einige wenige Arten mag das gelten – die weitaus meisten, die „solitär", also allein, leben, sind dagegen sehr wichtige Nützlinge, die bei der Dezimierung von Schädlingen helfen und den Menschen nicht stören.

Das „Hotel" besteht aus einem kräftigen, mindestens 10 cm breiten Holz-Rahmen in beliebiger Größe. Ist der Rahmen gleich in mehrere Abteilungen getrennt, dann können verschiedene Nistmaterialien eingebaut werden: Lochziegel, Lehm, Schilf, Bambusstäbe, Staudenstängel oder markhaltige Stängel von Brombeere oder Holunder. Gerade letztere sind ideale Nisthilfen: Das Mark wird ausgefressen und die entstandene Höhle als Nistgang benutzt.

Hartholz, in das Löcher von 6 bis 8 mm Durchmesser gebohrt werden, sind ebenfalls beliebte Nistplätze. Löcher nicht durchbohren und das Holz nicht bemalen – alle Holzschutzmittel töten die Brut!
Und noch etwas Wichtiges: Nisthilfen dürfen nie gereinigt werden, da die Brut über den Winter in den Nisthöhlen verbleibt und erst im Frühjahr schlüpft.

Schnecken auch in luftiger Höhe

Auch wenn es schwer fällt und man am liebsten sofort mit den stärksten chemischen Mitteln eingreifen möchte: Hier gilt es zunächst Ruhe zu bewahren und die Gegebenheiten auf dem Balkon oder der Terrasse zu prüfen. Vor allem, ob es genug Unterschlupf und Lebensraum für Nützlinge gibt. Freilich sind einige der Schneckenvertilger selten bis gar nicht in luftiger Höhe

Fleißige Schneckenvertilger

- *Laufkäfer – leben in der Laubschicht unter Bäumen und Sträuchern, selbst in Töpfen*)*
- *Blindschleichen – leben in Mauern, Totholzhaufen und beim Kompost*)*
- *Eidechsen, Salamander und andere Reptilien – leben in Trockenmauern*)*
- *Kröten – benötigen einen Teich mit flacher, naturnah gestalteter Uferlandschaft*
- *Igel – benötigt Laub und Äste zum Verstecken und Nestbau*

**) sind auch auf Terrassen zu finden.*

zu finden – bei großen Terrassen, die im Erdgeschoss liegen und eine Verbindung zum Garten haben, können solche Helfer aber gute Dienste tun.

Die wichtigsten Abwehrmaßnahmen – Schritt für Schritt:

- Einsammeln (in der Nacht, eventuell Holzbretter auflegen, unter denen sich die Schnecken verkriechen) und mit kochend heißem Wasser überbrühen. Diese Maßnahme eignet sich besonders auf kleinem Raum wie Balkon oder Terrasse. Die erste Mühe belohnt „intelligente Faule".
- Pflanzen setzen, die Schnecken nicht riechen können: vor allem Senf und Kapuzinerkresse.
- Sägespäne, Steinmehl und Holzasche rund um gefährdete Pflanzen ausstreuen (hilft nur bei Trockenheit).

Schnecken sind Bierliebhaber

Lange Zeit galt die Bierfalle im Garten als Allheilmittel. Mittlerweile wird sie nur dort empfohlen, wo Beete abgegrenzt sind. Auf Terrassen könnte sie daher ein ganz gutes Lockmittel sein, da wenige Tiere nachwandern. Bierfallen funktionieren so: Plastikbecher oder Gläser aufstellen oder in größeren Töpfen bodeneben eingraben und zu einem Drittel mit Bier füllen. Die Schnecken werden durch den Geruch angezogen, rutschen in die Falle und verenden. Als Regenschutz kann man über die Falle einen größeren Becher mit seitlichen Eingängen als Dach stellen.

Auch auf Terrassen ein Problem: Nacktschnecken. Absammeln ist die umweltfreundlichste Bekämpfungsmaßnahme.

Schneckenkorn – ja oder nein?

Gar keine leichte Frage. Ist das Schneckenkorn doch die einfachste Möglichkeit, die lästigen Plagegeister zu beseitigen – meint man. Das herkömmliche Schneckenkorn besteht aber aus Stoffen, die auch Laufkäfern, Regenwürmern und Igeln gefährlich werden können. In einem von einem österreichischen Konsumentenmagazin durchgeführten Test wurde vor einigen Jahren schon ein auf Eisen-II-Phosphat aufgebautes Mittel als einziges Schneckenkorn mit „gut" eingestuft. Vor allem deshalb, weil es keine schädlichen Auswirkungen auf die Umwelt gibt. Nach dem Anwenden muss es allerdings angegossen werden, oder – noch besser – man streut es bei Regen aus.

Tipp

Ameise
Frisst Wurzeln an. Lavendel, Majoran, Thymian sowie Tomatenblätter auslegen – dieser Geruch vertreibt die Ameisen.
Als Fallen umgedrehte Tonblumentöpfe über die Nester oder Ameisenstraßen stellen. Nach einigen Tagen errichten die Tiere darin einen Bau – so kann das Nest entsorgt werden.

Kohlweißling
Raupen fressen Löcher in die Blätter. Schlupfwespen sind natürliche Feinde. Raupen vorsorglich absammeln. Tomaten als Abwehrpflanzen setzen.

Spinnmilbe
Bildet ein feines Spinngewebe an der Blattunterseite. Raubmilben, Marienkäfer, Spinnen und Florfliegen sind die natürlichen Feinde. Spinnmilben treten besonders stark bei trockener Umgebung auf. Daher (vor allem im Überwinterungsquartier) für Luftfeuchtigkeit sorgen.

Weiße Fliege
Tritt meist zuerst an der Blattunterseite auf. Bei starkem Befall übertragen die Fliegen Pilzkrankheiten. Gelbfallen – mit Leim beschichtete gelbe Plastikstreifen oder -tafeln – aufhängen (vor allem in Gewächshäusern und im Überwinterungsquartier). Schmierseifenwasser aufsprühen, biologische Spritzmittel verwenden. Wichtig: Rechtzeitig bekämpfen, sonst sehr lästig!

Pilzerkrankungen vorbeugen

Sehr viele Pflanzenkrankheiten, wie Grauschimmel, Kohlhernie, Mehltau, Rost und Sternrußtau, sind auf einen falschen Standort oder falsche Pflege zurückzuführen. Beim Gießen die Blätter nicht benetzen und Pflanzen nicht zu eng setzen, damit die Luft nicht stickig und feucht wird. Gerade bei Pilzerkrankungen ist also vorbeugender, vorausschauender Pflanzenschutz besonders wichtig. Daneben helfen auch Spritzungen mit Schachtelhalm-Brühe. Sie stärken die Abwehrkräfte durch ihren hohen Kieselsäureanteil, die Herstellung ist allerdings etwas aufwändig.
Noch etwas: Nicht alle Pflanzen sind für kühles, regnerisches Klima geeignet. Hier generelle Aussagen zu machen, wäre aber unseriös, denn oft genügt schon ein Platz unter einem Dachvorsprung, und die Pflanze gedeiht prächtig, während sie auf dem Balkon nur dahinkümmern würde.

Spritzmittel aus dem Geschäft

Sehr viele biologische Spritzmittel sind im Handel erhältlich. Sie sollten im Notfall verwendet werden. Unbedingt wichtig ist es, die genauen Anwendungsvorschriften der Hersteller einzuhalten. Das berühmte „Schluckerl“ mehr, damit es wirklich hilft, schadet Pflanzen und Nützlingen meist enorm.

Tipp

Echter und Falscher Mehltau:
kranke Blätter immer sofort entfernen und vernichten.

Grauschimmel:
auch hier kranke Pflanzenteile sofort entfernen, Pflanzen „luftiger“ stellen und nicht zu stark düngen. Beim Gießen darauf achten, dass die Blätter am Abend nicht nass werden.

Rost und Sternrußtau:
diese beiden Pilzkrankheiten befallen meist Rosenblätter. Ständig und sehr sorgfältig alle kranken Pflanzenteile entfernen, im Herbst auch alle abgefallenen Blätter, damit eine Neuinfektion verhindert wird.

Bezugsquellen, Surf- und Buch-Tipps

Pflanzenzüchter

Viele der genannten Pflanzen stammen von folgenden Betrieben, die allerdings nur an gut sortierte Gärtnereien, Gartencenter und Versandgärtnereien liefern (kein Direktbezug möglich):

- **Jungpflanzen Grünewald**
- **Red Fox** (Dümmen GmbH)
- **Kiepenkerl** (Nebelung) Gemüse-Jungpflanzen (Profi-Line)

Bezugsquellen

Bewässerungssysteme

Gardena, D-89079 Ulm, Hans-Lorenser-Straße 40, www.gardena.com

Tropf-Blumat, A-6419 Telfs, Hag 7, www.blumat.info

Pflanzen

Alle genannten Pflanzen (Gehölze, Stauden, Kübelpflanzen, Sommerblumen, Kräuter, Obst und Gemüse) erhalten Sie bei:

PRASKAC DAS PFLANZENLAND, A-3430 Tulln, Praskacstraße 101-108, Tel. +43/(0)2272/62 460, www.praskac.at (auch Versand)

Spezialsortimente

Pelargonien, vor allem Duft-Pelargonien

Dieter Stegmeier, D-73457 Essingen, Unteres Dorf 7, www.pelargonien-stegmeier.de

Gärtnerei Bach (vormals Hinker), A-1220 Wien, Contiweg 165, Tel. +43/(0)1/28 09 534

Gartenbau Wagner, A-8353 Kapfenstein, Gutendorf 36, www.gartenbauwagner.at

Gärtnerei Lakonig, A-9521 Treffen, Niederdorf 37, Tel. +43/(0)664/34 22 550

Kräuter (interessante Raritäten)

Gartenbau Wagner, A-8353 Kapfenstein, Gutendorf 36, Tel. +43/(0)3157/2395, www.gartenbauwagner.at

Raritätengärtnerei Treml, D-93471 Arnbruck, Eckerstraße 32, Tel. +49/(0)9945/90 51 00, www.pflanzentreml.de

Kräuterzauber Rühlemann, D-27367 Horstedt, Auf dem Berg 2, Tel. +49/(0)4288/92 85 58, www.ruehlemanns.de

für die Wüstenstimmung auf dem Balkon (Hauswurz & Co.)

Sarastro Stauden, Christian Kreß, A-4974 Ort im Innkreis, Ort 131, Tel. +43/(0)664/26 10 362, www.sarastro-stauden.com

Staudengärtnerei Dieter Gaissmayer, D-89257 Illertissen, Jungviehweide 3, Tel. +49/(0)7303/7258, www.staudengaissmayer.de

Obstgehölze, Gehölze

Baumschule Lorenz von Ehren, D-21077 Hamburg, Maldfeldstraße 2, www.gartenvonehren.de

Zitrusgewächse

Standardsortimente erhält man mittlerweile in jedem Gartencenter. Spezielle Sorten hier:

Bernhard Voß, D-21635 Jork, Moorende 149, Tel. +49/(0)4162/94 25 24, members.aol.com/agrumivoss/citrus.htm

Südflora Peter Klock, D-22607 Hamburg, Stutsmoor 42, Tel. +49/(0)40/89 16 39, Fax +49/(0)40/89 01 10 70

Kübelpflanzen

Flora Mediterranea, Maria und Christoph Köchel, D-84072 Au/Hallertau, Königsgütler Straße 5, Tel. +49/(0)8752/1238, Fax +49/(0)8752/9930

flora toskana, D-89075 Ulm, Böfinger Weg 10, Tel. +49/(0)731/92 67 095, Fax +49/(0)731/92 67 108, www.flora-toskana.de

Tunkl Silvia, Pflanzen- und Samenhandel, exotische Pflanzen, A-2242 Prottes, Hauptstraße 19, Tel. +43/(0)2282/3958, Fax: +43/(0)2282/5178

Saatgut, Blumenzwiebeln

Kiepenkerl – Bruno Nebelung, D-48348 Everswinkel, Postfach 1263, www.kiepenkerl-saatgut.de (nur über den Fachhandel)

Grüne Surf-Tipps für Balkongärtner

http://www.biogaertner.at

Seit vielen Jahren ist diese Homepage ein Treffpunkt für die „intelligenten Faulen“. Der Autor dieses Buches, Karl Ploberger, beantwortet Fragen und lässt einen Blick in sein eigenes grünes Reich werfen.

Organisationen/Vereine

Österreichische Gartenbau-gesellschaft
http://www.garten.or.at

Deutsche Gartenbaugesellschaft
http://www.dgg1822.de

Königliche Gartenbaugesellschaft von England
http://www.rhs.org.uk/

Links zu Gartensendungen

Querbeet – Gartensendung des Bayerischen Fernsehens
http://www.br-online.de/freizeit/querbeet/

Haus und Garten – Gartensendung des WDR
http://www.wdr.de/tv/service/heim/

Zeitschriften

Gartenhaus
http://www.garten-haus.at

Gartenpraxis
http://www.gartenpraxis.de

Biogartenzeitschrift „kraut & rüben“
http://www.krautundrueben.de

Gartenzeitschrift „Flora“
http://www.flora.de/

Gartenzeitschrift „Mein schöner Garten“
http://www.mein-schoener-garten.de/

Allgemeine Informationen

über alle Baumschulprodukte
http://www.baumschulinfo.at/

Für **Citrus-Liebhaber** ist der Besuch dieser Seite ein Muss
http://members.aol.com/agrumivoss/citrus.htm

Gartenlinksammlung
Die umfangreichste und beste Linksammlung zum Thema Garten: Von der Literatur bis zu den Pflanzen sind hier Tausende Hinweise zu finden.
http://www.gartenlinksammlung.de

Bücher

für Balkon- und Terrassengärtner

aus dem Programm des
Verlags Eugen Ulmer
www.ulmer.de

und des
Österreichischen Agrarverlags
www.agrarverlag.at/buch

Mediterranes Flair auf Balkon und Terrasse
von Tanja Ratsch, 2002

Der Kräutergarten auf Balkon und Terrasse
von Miriam Wiegele, 2000

Duftpelargonien Anbau, Pflege, Sorten
von Miriam Wiegele, 2000

Wege und Terrassen
von Alice Thinschmidt und Daniel Böswirth, 2002

Terrassen und Balkone mit Pflanzen gestalten
von Jean-Francois Jarreau, 2002

Inspirationen für den Topfgarten
von Ellen Fischer, 2001

Das Topfgartenbuch
von Ellen Fischer, Sonderausgabe 2003 der 3. Auflage 1999

Gärtnern in Kübeln und Töpfen
von Jörn Pinske, 2004

Stichwortverzeichnis

Bildquellen:

Umschlag: Illustrationen Peter Bürger, Bilder Motiv Autor Karl Ploberger: Verlag Eugen Ulmer
Vor- und Nachsatz: Wiederholungen der Illustrationen von Peter Bürger
Bildautoren Inhalt: Veronika Albertoni (alb), Dr. Helga Buchter (B), Kiepenkerl-Pflanzenzüchtung (K), Botanik-Bildarchiv Laux (L), Franz Neumayr (N), Karl Ploberger (plo), Franz Praskac (P), Renner & Partner (R), Siegfried Stein (St), Daniel Böswith & Alice Thinschmidt (thi)

(Zahlen geben Seitenzahlen an, Zahlen in Klammer die Bildreihung:
z. B. 62 (3) bedeutet Seite 62, drittes Bild von oben nach unten)

4 bis 6 Wiederholungen der Kapiteltrennseiten
8 thi
9 N
10/11 alb
12 bis 14 R
16 bis 17 thi
18 bis 20 plo
21 thi
22 bis 26 plo
27 bis 29 thi
30 bis 31 plo
34 bis 59 R
62 alle R außer (3=plo)
66 alle R außer (5=plo)
70 alle plo außer (1=R)
71 plo
74 alle L außer (7=R)
78 R
82 bis 88 thi
92 (1=thi), (2,3,6=R), (4,5=plo)
93 R
96 (1,2,5,6=R), (3,4,7=thi)
99 thi
100 bis 101 L
102 bis 103 plo
106 (1=St), (2 bis 6=K), (7=thi)
110 (1,3=St), (2,5=K), (4=B)
111 K
114 (1=B), (2,4,6=St), (3,5,7=K)
118 bis 119 thi
120 bis 121 plo
124 (1,2,4,5,6,8=L), (3=thi), (7=K)
125 L
128 links unten thi und (1,2,4,5=L), (3=thi), (6=K)
132 alle L außer (3=St)
136 bis 137 thi
138 bis 146 P
147 plo
150 bis 151 P
152 bis 155 thi
156 bis 159 plo
160 thi

Die Hintergrundbilder sind Wiederholungen und stammen von Peter Bürger und den Bildautoren Laux (L), Ploberger (plo), Praskac (P), Renner & Partner (R) sowie Daniel Böswith & Alice Thinschmidt (thi).

Impressum

Die Deutsche Bibliothek – CIP-Einheitsaufnahme
Die Deutsche Bibliothek verzeichnet diese Publikationen in der Deutschen Nationalbibliografie; detaillierte bibliografische Daten sind im Internet über http://dnb.ddb.de abrufbar.

Projektleitung: Österreichischer Agrarverlag
Lektorat und Herstellung: Veronika Schubert, Wien
Korrektorat: Dr. Iris Meder, Wien
Umschlag, Bildreproduktion, Grafische Gestaltung: E40 Elke Salzer, Wien
Fachbeirat: Mag. Gregor Dietrich, Wien
Illustrationen: Peter Bürger, Katzdorf

Printed in Austria
Druck und Bindung: AV + Astoria Druckzentrum GmbH, Wien

ISBN (Österreich): 3-7040-2013-3, ISBN (Deutschland): 3-8001-4599-5